일빵빵 왕초보 중국어
워크북
1

일빵빵 +
왕초보 중국어 워크북 1

초판 제1쇄 2016년 3월 2일
초판 제8쇄 2020년 12월 02일

기 획 | 일빵빵어학연구소
펴 낸 곳 | 토마토출판사
주 소 | 경기도 파주시 파주출판단지 회동길 216 2층
T E L | 1544-5383
홈페이지 | www.tomato4u.com
이메일 | support@tomato4u.com
등 록 | 2012. 1. 1.

일빵빵 왕초보 中國語

1

워크북

토마토
출판사

기초 중국어 문장 연습하기

강의 듣는 법

인터넷 검색창에서 **일빵빵**을 검색한 후,
"**일빵빵닷컴**(www.일빵빵.com)" 사이트를 클릭한다.

스마트폰의 앱스토어 또는 플레이스토어에서
"**일빵빵**"을 검색한 후,
"Let's **일빵빵**" 앱을 설치한다.

컴퓨터나 스마트폰의 iTunes 앱에서 "**일빵빵**"을 검색한다.

▶ 일빵빵 공식 페이스북 https://www.facebook.com/ilbangbang

한자 획순 연습하기

丿 刂刂 州

왼쪽부터 오른쪽 순서로 쓴다.

一 二 三

위에서 아래 순서로 쓴다.

一 十

가로획을 먼저 쓰고 세로획을 다음에 쓴다.

丿 人

오른쪽에서 왼쪽으로 가는 획을 먼저 쓰고, 그 다음에 왼쪽에서 오른쪽으로 가는 획을 쓴다.

丨 冂 口 中

가운데를 뚫는 획은 마지막에 쓴다.

乛 了 子

가운데를 긋는 획은 마지막에 쓴다.

①小 ②小 ③小

좌우가 대칭되는 형태의 글자는 가운데 획을 먼저 쓴다.

①丨 ②冂 ③冂 ④四 ⑤四

몸 부분과 안 부분으로 이루어진 글자는 몸부터 먼저 쓴다.

①丁 ②也 ③也

아래 부분의 획은 나중에 쓴다.

①丶 ②厂 ③斤 ④斤 ⑤斦 ⑥斦 ⑦訢 ⑧近

받침은 마지막에 쓴다.

①一 ②ナ ③大 ④犬

오른쪽 위에 있는 점은 마지막에 찍는다.

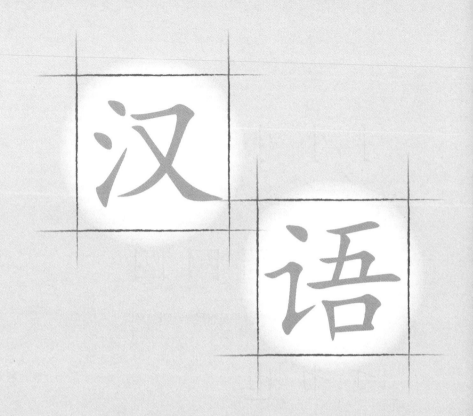

기초 중국어 발음
연습하기

중국어의 발음 표기

글자를 보고 바로 읽을 수 있는 한글이나 영어 알파벳과는 달리, 한자는 글자만 봐서는 어떻게 읽어야 할지 알 수 없습니다.

따라서 각 한자의 발음을 쉽게 알 수 있게 하기 위해, 중국에서는 알파벳을 이용하여 중국어의 발음을 표기하는 규칙을 만들었습니다. 이 규칙에 따라 한자 발음을 알파벳으로 표기한 것을 '병음'이라고 합니다.

병음은 알파벳을 그대로 사용하기 때문에 중국어를 모르는 사람도 쉽게 익힐 수 있다는 장점이 있습니다. 하지만 읽는 방법은 영어 단어를 읽는 방법과는 조금 다릅니다. 한 글자의 병음은 첫소리(성모)와 나머지 소리(운모), 음의 높낮이를 모두 나타냅니다.

중국어의 높낮이

중국어의 특징 중 하나는 단어마다 높낮이가 있다는 점입니다. 중국어의 높낮이는 크게 네 가지로, 높은 음, 높아지는 음, 낮아졌다가 높아지는 음, 낮아지는 음으로 나눌 수 있습니다.

중국어에서는 단어의 소리가 같더라도 음의 높낮이가 다르면 다른 뜻이 되기 때문에, 자음과 모음만큼이나 중요한 요소라고 할 수 있습니다. 이러한 중국어의 높낮이를 '성조'라고 합니다.

병음	설명	발음 연습
a [아]	입을 크게 벌리고 '아' 발음한다.	a a a a a [아]
ai [아이]	우리말의 '아이'와 비슷하지만, 앞의 '아'를 조금 더 강하게 발음한다.	ai ai ai ai ai [아이]
ao [아오]	우리말의 '아오'와 같이 발음한다.	ao ao ao ao ao [아오]
an [안]	우리말의 '안'과 같이 발음한다.	an an an an an [안]
ang [앙]	우리말의 '앙'과 같이 발음한다.	ang ang ang ang [앙]
o [오어]	입을 반쯤 벌리고 '오어' 발음한다.	o o o o o [오어]

병음	설명	발음 연습
ou [오우]	우리말의 '오우'와 같이 발음한다.	ou ou ou ou ou [오우]
ong [옹]	우리말의 '옹'과 같이 발음한다.	ong ong ong ong [옹]
e [으어]	입을 반쯤 벌리고 '으어' 발음한다.	e e e e e [으어]
ei [에이]	우리말의 '에이'와 비슷하지만, 앞의 '에'를 조금 더 강하게 발음한다. '어이'로 읽지 않도록 주의한다.	ei ei ei ei ei [에이]
en [언]	우리말의 '언'과 같이 발음한다.	en en en en en [언]
eng [엉]	우리말의 '엉'과 같이 발음한다.	eng eng eng eng [엉]

병음	설명	발음 연습
er [얼]	끝소리를 낼 때 혀끝을 살짝 말면서 우리말의 '얼'과 같이 발음한다.	er er er er er [얼]
i [이]	입술을 좌우로 당기면서 '이' 발음한다. 앞에 자음이 없을 때는 'yi'로 쓴다. s, z, c, sh, zh, ch, r 뒤에 올 때는 '으'로 발음한다.	i i i i yi yi yi [이]
ia [이아]	우리말의 '이아'와 같이 발음한다. 앞에 자음이 없을 때는 'ya'로 쓴다.	ia ia ia ya ya ya [이아]
ie [이에]	우리말의 '이에'와 같이 발음한다. 앞에 자음이 없을 때는 'ye'로 쓴다.	ie ie ie ye ye ye [이에]
iao [이아오]	우리말의 '이아오'와 같이 발음한다. 앞에 자음이 없을 때는 'yao'로 쓴다.	iao iao yao yao [이아오]
iu [이오우]	'이'와 '우' 사이에 약하게 '오' 소리가 나도록, 우리말의 '이오우'와 같이 발음한다. 앞에 자음이 없을 때는 'you'로 쓴다.	iu iu iu you you [이오우]

병음	설명	발음 연습
ian [이엔]	우리말의 '이엔'과 같이 발음한다. 앞에 자음이 없을 때는 'yan'으로 쓴다.	ian ian yan yan [이엔]
in [인]	우리말의 '인'과 같이 발음한다. 앞에 자음이 없을 때는 'yin'으로 쓴다.	in in yin yin [인]
iang [이앙]	우리말의 '이앙'과 같이 발음한다. 앞에 자음이 없을 때는 'yang'으로 쓴다.	iang iang yang yang [이앙]
ing [이응]	'이' 소리 다음에 약하게 '으' 소리가 나도록 '이응'과 같이 발음한다. 앞에 자음이 없을 때는 'ying'으로 쓴다.	ing ing ying ying [이응]
iong [이옹]	우리말의 '이옹'과 같이 발음한다. 앞에 자음이 없을 때는 'yong'으로 쓴다.	iong iong yong yong [이옹]
u [우]	입술을 작게 오므리면서 '우' 발음한다. 앞에 자음이 없을 때는 'wu'로 쓴다.	u u u wu wu wu [우]

병음	설명	발음 연습
ua [우아]	우리말의 '우아'와 같이 발음한다. 앞에 자음이 없을 때는 'wa'로 쓴다.	ua ua ua wa wa [우아]
uo [우어]	우리말의 '우어'와 같이 발음한다. 앞에 자음이 없을 때는 'wo'로 쓴다.	uo uo uo wo wo [우어]
uai [우아이]	우리말의 '우아이'와 같이 발음한다. 앞에 자음이 없을 때는 'wai'로 쓴다.	uai uai wai wai [우아이]
ui [우에이]	'u'와 'i' 사이에 'e(에)'가 생략되어서, 실제로 발음할 때는 약한 '에'가 들어가도록 '우에이'와 같이 발음한다. 앞에 자음이 없을 때는 'wei'로 쓴다.	ui ui ui wei wei [우에이]
uan [우안]	우리말의 '우안'과 같이 발음한다. 앞에 자음이 없을 때는 'wan'으로 쓴다.	uan uan wan wan [우안]
u(e)n [우언]	우리말의 '우언'과 같이 발음한다. 앞에 자음이 있으면 'un'으로 쓰고, 자음이 없으면 'wen'으로 쓴다.	un un wen wen [우언]

병음	설명	발음 연습
uang [우앙]	우리말의 '우앙'과 같이 발음한다. 앞에 자음이 없을 때는 'wang'으로 쓴다.	uang uang wang [우앙]
weng [웡]	우리말의 '웡'과 같이 발음한다.	weng weng weng [웡]
ü [위̇]	입술을 '우' 발음을 하듯이 오므리고 '이' 소리를 내면서 발음한다. j, q, x 뒤에 'ü'를 쓸 때에는 'u'로 바꿔 쓴다.	ü ü ü ü ü [위̇]
üe [위̇에]	'위에'와 비슷하지만, '위' 발음을 할 때 입술을 오므리고 '이' 소리를 낸다. 앞에 자음이 없을 때는 'yue'로 쓰고, j, q, x 뒤에 'üe'를 쓸 때에는 'ue'로 바꿔 쓴다.	üe üe üe yue yue [위̇에]
üan [위̇엔]	'위엔'과 비슷하지만, '위'를 발음할 때 입술을 오므리고 '이' 소리를 낸다. 앞에 자음이 없을 때는 'yuan'으로 쓰고, j, q, x 뒤에 'üan'을 쓸 때에는 'uan'으로 바꿔 쓴다.	üan üan yuan yuan [위̇엔]
ün [윈̇]	'윈'과 비슷하지만, '위'를 발음할 때 입술을 오므리고 '이' 소리를 낸다. 앞에 자음이 없을 때는 'yun'으로 쓰고, j, q, x 뒤에 'ün'을 쓸 때에는 'un'으로 바꿔 쓴다.	ün ün yun yun [윈̇]

주의할 발음 ❶
한글 발음 위에 점이 찍혀 있는 것은 우리말에 없는 f, zh, ch, sh, r, ü 등의 발음들을 표시한 것입니다.
한글 발음을 그대로 읽은 것과 실제 발음에 차이가 있는 경우이므로, 주의하여 발음을 연습합시다.

4강

병음	설명	발음 연습	
B	한글 'ㅃ' 또는 'ㅂ'과 비슷한 소리	bo	[뽀어]
P	한글 'ㅍ'과 비슷한 소리	po	[포어]
M	한글 'ㅁ'과 비슷한 소리	mo	[모어]
F	앞니와 아랫입술을 붙였다 떼면서 내는 소리로, 영어 알파벳 'f'와 비슷한 소리	fo	[ḟ어]
D	한글 'ㄸ' 또는 'ㄷ'과 비슷한 소리	de	[뜨어]
T	한글 'ㅌ'과 비슷한 소리	te	[트어]
N	한글 'ㄴ'과 비슷한 소리	ne	[느어]
L	한글 'ㄹ'과 비슷한 소리	le	[르어]

bo   bo bo bo bo bo
[뽀어]

po   po po po po po
[포어]

mo   mo mo mo mo mo
[모어]

fo   fo fo fo fo fo
[포어]

de   de de de de de
[뜨어]

te   te te te te te
[트어]

ne   ne ne ne ne ne
[느어]

le   le le le le le
[르어]

5강

병음	설명	발음 연습	
G	한글 'ㄲ' 또는 'ㄱ'과 비슷하면서 목구멍 쪽에서 내는 소리	ge	[끄어]
K	한글 'ㅋ'과 비슷하면서 목구멍 쪽에서 내는 소리	ke	[크어]
H	한글 'ㅎ'과 비슷하면서 목구멍 쪽에서 내는 소리	he	[흐어]
J	한글 'ㅉ' 또는 'ㅈ'과 비슷한 소리	ji	[찌]
Q	한글 'ㅊ'과 비슷한 소리	qi	[치]
X	한글 'ㅆ' 또는 'ㅅ'과 비슷한 소리	xi	[씨]

ge ge ge ge ge ge
[끄어]

ke ke ke ke ke ke
[크어]

he he he he he he
[흐어]

ji ji ji ji ji ji
[찌]

qi qi qi qi qi qi
[치]

xi xi xi xi xi xi
[씨]

6강

병음	설명	발음 연습	
Z	한글 'ㅉ' 또는 'ㅈ'과 비슷하면서 윗니와 혀 사이에서 나오는 소리	zi	[쯔]
C	한글 'ㅊ'과 비슷하면서 윗니와 혀 사이에서 나오는 소리	ci	[츠]
S	한글 'ㅆ' 또는 'ㅅ'과 비슷한 소리	si	[쓰]
Zh	한글 'ㅉ' 또는 'ㅈ'과 비슷하면서 혀끝을 말고 내는 소리	zhi	[츠]
Ch	한글 'ㅊ'과 비슷하면서 혀끝을 말고 내는 소리	chi	[츠]
Sh	한글 'ㅅ'과 비슷하면서 혀끝을 말고 내는 소리	shi	[스]
R	한글 'ㄹ'과 비슷하면서 혀끝을 말고 내는 소리	ri	[르]

zi　zi zi zi zi zi
[쯔]

ci　ci ci ci ci ci
[츠]

si　si si si si si
[쓰]

zhi　zhi zhi zhi zhi zhi
[즈]

chi　chi chi chi chi chi
[츠]

shi　shi shi shi shi shi
[스]

ri　ri ri ri ri ri
[르]

❶ 'e'가 들어가는 발음, '어'? '에'?

'e'가 들어가는 발음은 '어' 또는 '에' 두 가지로 발음할 수 있습니다.

e '어'	e '에'
e [으어]	
en [언]	ei [에이]
eng [엉]	ie [이에]
er [얼]	

❷ '이'로 읽는 'i', '으'로 읽는 'i'

'i'가 들어가는 발음은 '이' 또는 '으' 두 가지로 발음할 수 있습니다. 아래 표를 참고하여 연습합시다.

i '이'		i '으'
bi [비]	biao [비아오]	
pi [피]	pin [핀]	
mi [미]	mian [미엔]	zi [쯔]
di [디]	dian [디엔]	ci [츠]
ti [티]	tie [티에]	si [쓰]
ni [니]	niu [니오우]	zhi [즈]
li [리]	liu [리오우]	chi [츠]
ji [지]	jia [지아]	shi [스]
qi [치]	qing [칭]	ri [르]
xi [시]	xing [싱]	

❸ 'iu', 'ui' 더욱 정확하게 발음하기

'iu' 발음은 '이'와 '우' 사이에 약한 '오'가 들어간다고 생각하면서 발음합니다.
'ui' 발음은 '우'와 '이' 사이에 약한 '에'가 들어간다고 생각하면서 발음합니다.

niu [니오우]	dui [뚜에이]
liu [리오우]	zui [쭈에이]
jiu [지오우]	shui [슈에이]
qiu [치오우]	gui [꾸에이]

❹ 'u' 앞에 'j, q, x'가 오면 주의!

'j, q, x' 뒤에 오는 'u'는 'ü[위]'로 발음합니다. [우]로 발음하지 않도록 주의합시다.

ju [쮜]	juan [쮜엔]
qu [취]	quan [취엔]
xu [쉬]	xuan [쉬엔]
jue [쮜에]	jun [쮠]
que [취에]	qun [췬]
xue [쉬에]	xun [쉰]

7강

1성	ā

처음부터 끝까지 높은 음으로 이어서 내는 소리.
소리의 높낮이 변화를 본따서 글자 위에 '－' 모양으로 표기합니다.

아－

병음	뜻	병음 쓰기 연습
yī [이]	숫자 1	yī yī yī yī yī
sān [싼]	숫자 3	sān sān sān sān
qī [치]	숫자 7	qī qī qī qī qī
bā [빠]	숫자 8	bā bā bā bā bā
shān [샨]	산	shān shān shān
huā [후아]	꽃	huā huā huā huā
dōng [똥]	동쪽	dōng dōng dōng
xī [씨]	서쪽	xī xī xī xī xī
jiā [찌아]	집	jiā jiā jiā jiā
tā [타]	그, 그녀	tā tā tā tā tā
qiān [치엔]	숫자 1,000	qiān qiān qiān
chūntiān [츈티엔]	봄	chūntiān chūntiān

2성	á

중간 음에서 높은 음으로 올라가는 소리.
소리의 높낮이 변화를 본따서 글자 위에
'／' 모양으로 표기합니다.

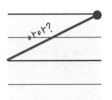

병음	뜻	병음 쓰기 연습
qián [치엔]	앞	qián qián qián
nián [니엔]	년(年)	nián nián nián
nán [난]	어렵다	nán nán nán nán
mén [먼]	문	mén mén mén mén
chá [챠]	차	chá chá chá chá
niú [니오우]	소	niú niú niú niú
lái [라이]	오다	lái lái lái lái
shí [스]	숫자 10	shí shí shí shí
xué [쉬에]	배우다	xué xué xué xué
zhá [챠]	튀기다	zhá zhá zhá zhá
rén [런]	사람	rén rén rén rén
Hánguó [한구어]	한국	Hánguó Hánguó

3성	ǎ

약간 낮은 중간 음에서 낮은 음으로 떨어졌다가 다시 올라가는 소리.
3성 글자가 연달아 나올 때에는 앞의 3성 글자를 2성으로 발음합니다.
소리의 높낮이 변화를 본따서 글자 위에 'ˇ' 모양으로 표기합니다.

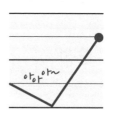

병음	뜻	병음 쓰기 연습
wǒ [워]	나	wǒ wǒ wǒ wǒ wǒ
nǐ [니]	너	nǐ nǐ nǐ nǐ nǐ
wǔ [우]	숫자 5	wǔ wǔ wǔ wǔ wǔ
jiǔ [지오우]	숫자 9	jiǔ jiǔ jiǔ jiǔ
shǒu [쇼우]	손	shǒu shǒu shǒu
mǎ [마]	말	mǎ mǎ mǎ mǎ mǎ
běi [베이]	북쪽	běi běi běi běi
bǎi [바이]	숫자 100	bǎi bǎi bǎi bǎi
xuě [쉬에]	눈(雪)	xuě xuě xuě xuě
shuǐguǒ [슈에이구어]	과일	shuǐguǒ shuǐguǒ
shǒubiǎo [쇼우비아오]	손목시계	shǒubiǎo shǒubiǎo
yǔsǎn [위산]	우산	yǔsǎn yǔsǎn yǔsǎn

4성	à

높은 음에서 낮은 음으로 떨어지는 소리.
소리의 높낮이 변화를 본따서 글자 위에
'ˋ' 모양으로 표기합니다.

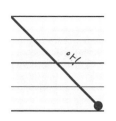

병음	뜻	병음 쓰기 연습
cài [차이]	음식	cài cài cài cài
èr [얼]	숫자 2	èr èr èr èr èr
sì [씨]	숫자 4	sì sì sì sì sì
liù [리오우]	숫자 6	liù liù liù liù
xià [씨아]	아래	xià xià xià xià
hòu [허우]	뒤	hòu hòu hòu hòu
shì [스]	~이다	shì shì shì shì
yuè [위에]	월(날짜)	yuè yuè yuè yuè
hào [하오]	일(날짜)	hào hào hào hào
yào [야오]	약	yào yào yào yào
shàng [상]	위(上)	shàng shàng shàng
diànshì [띠엔스]	텔레비전	diànshì diànshì diànshì

경성	a

높낮이가 없는 소리.
경성 발음에는 성조 기호 표시를 하지 않습니다.

병음	뜻	병음 쓰기 연습
māma [마마]	엄마	māma māma māma
míngzi [밍즈]	이름	míngzi míngzi míngzi
péngyou [펑요우]	친구	péngyou péngyou
jiějie [지에지에]	언니, 누나	jiějie jiějie jiějie
nǎinai [나이나이]	할머니	nǎinai nǎinai nǎinai
bàba [빠바]	아빠	bàba bàba bàba

- 성조 기호는 모음 부분에 표시하며, 여러 개의 모음이 같이 나올 때에는 아래와 같은 우선 순서에 따라 표시합니다.

  a > o / e > i / u / ü

  예 yuán, qiǎo, zhuō

- 'i', 'u'가 같이 있을 때에는 뒤에 있는 글자에 성조를 표시합니다.
  예 jiǔ, shuǐ

- 'i'에 성조를 표시할 때에는 점(·)을 생략하고 그 자리에 성조를 표시합니다.
  예 yī, lí, bǐ, sì

• 중국어 단어의 병음 쓰기를 연습해 봅시다.

병음	뜻	병음 쓰기 연습
xiāngshuǐ [씨앙슈에이]	향수	xiāngshuǐ xiāngshuǐ
yīnyuè [인위에]	음악	yīnyuè yīnyuè
máoyī [마오이]	스웨터	máoyī máoyī máoyī
niúnǎi [니오우나이]	우유	niúnǎi niúnǎi niúnǎi
bīngqílín [삥치린]	아이스크림	bīngqílín bīngqílín
túshūguǎn [투슈구안]	도서관	túshūguǎn túshūguǎn
huǒchē [후어쳐]	기차	huǒchē huǒchē
nǚ'ér [뉘얼]	딸	nǚ'ér nǚ'ér nǚ'ér
yǐnliào [인리아오]	음료	yǐnliào yǐnliào yǐnliào
dàyī [따이]	외투	dàyī dàyī dàyī dàyī
wèntí [원티]	문제	wèntí wèntí wèntí
qiǎokèlì [치아오커리]	초콜릿	qiǎokèlì qiǎokèlì

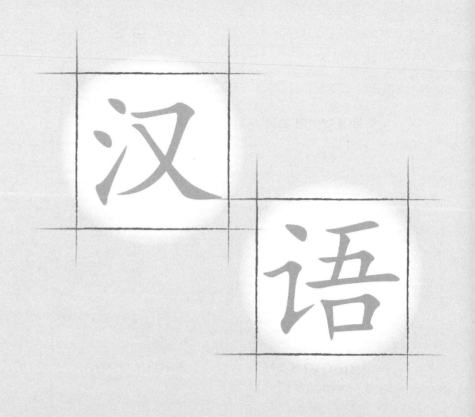

기초 중국어 단어
연습하기

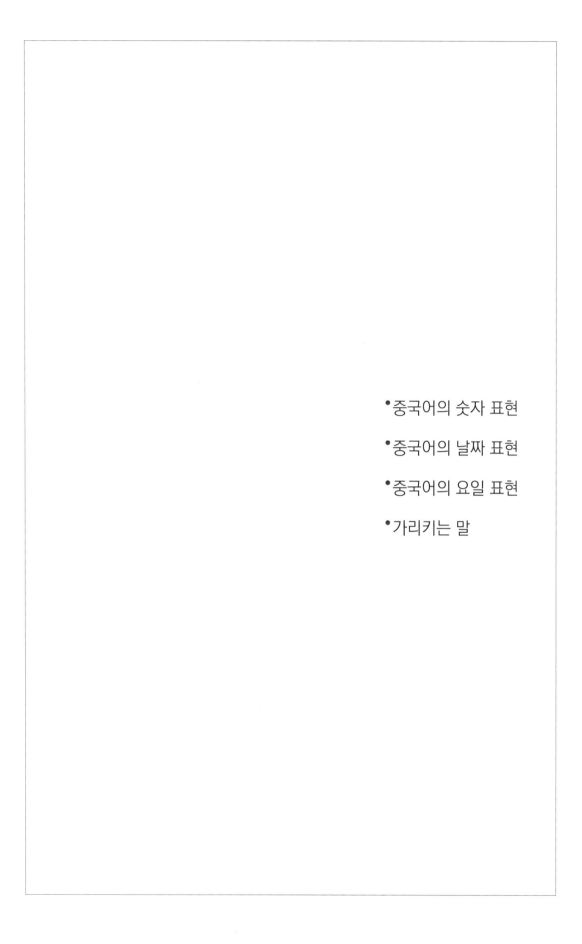

중국어의 숫자 읽기

1. 중국어의 숫자는 우리나라에서 한자 숫자를 읽는 방법과 같이 읽습니다.

예문
1(일)	一	yī
11(십일)	十一	shí yī
20(이십)	二十	èr shí
35(삼십오)	三十五	sān shí wǔ

숫자 0은 '零(líng)'이라고 읽습니다.

2. 100(백), 1,000(천), 10,000(만) 등을 읽을 때에는 앞에 '一(숫자 1)'을 붙입니다.

예문
一百	yì bǎi
一千	yì qiān
一万	yí wàn

성조가 변하는 숫자 一(yī)

一(yī)는 기본적으로 1성이지만, 뒤에 오는 글자의 성조에 따라 바꿔 읽을 수 있습니다.

1. 뒤 글자가 1성·2성·3성일 때에는 4성(yì)으로 읽습니다.

예문　一张　yì zhāng (한 장)

　　　一条　yì tiáo (한 줄기)

　　　一本　yì běn (한 권)

2. 뒤 글자가 4성일 때에는 2성(yí)으로 읽습니다.

예문　一件　yí jiàn (한 벌)

3. 날짜나 순서를 나타낼 때에는 원래대로 1성(yī)으로 발음합니다.

예문　一月一日　yī yuè yī rì (1월 1일)

　　　第一次　dì yī cì (맨 처음)

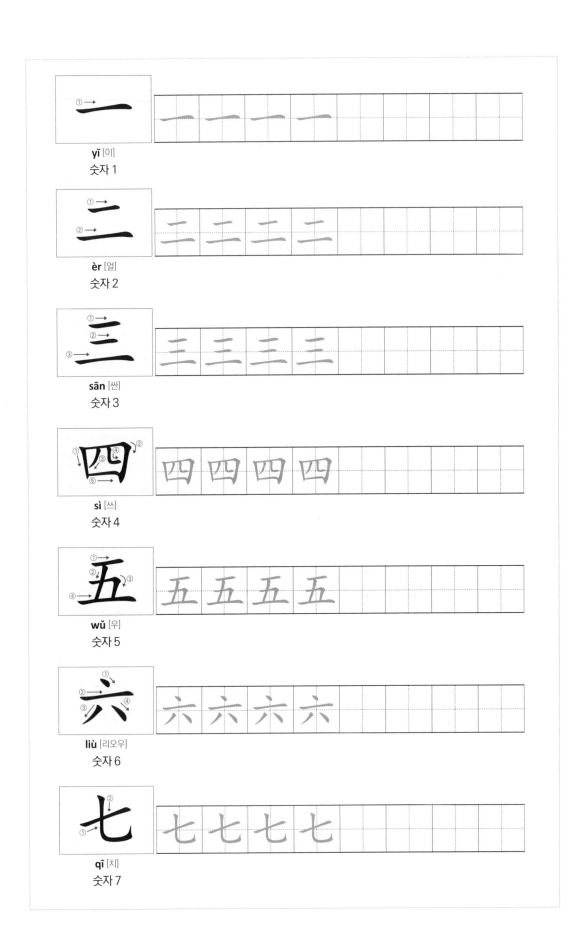

yī [이]
숫자 1

èr [얼]
숫자 2

sān [싼]
숫자 3

sì [쓰]
숫자 4

wǔ [우]
숫자 5

liù [리오우]
숫자 6

qī [치]
숫자 7

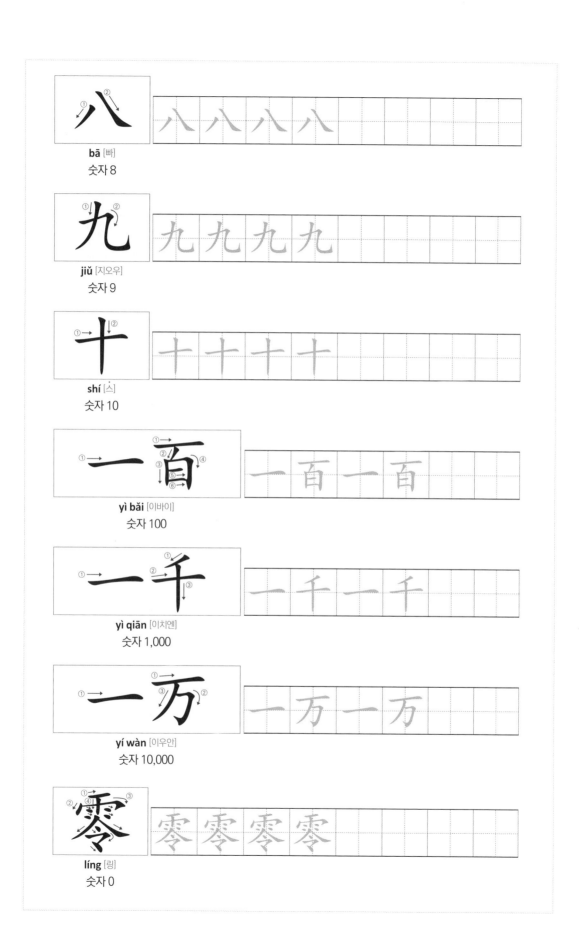

bā [빠]
숫자 8

jiǔ [지오우]
숫자 9

shí [스]
숫자 10

yì bǎi [이바이]
숫자 100

yì qiān [이치엔]
숫자 1,000

yí wàn [이우안]
숫자 10,000

líng [링]
숫자 0

èr shí [얼스]
숫자 20

sān shí [싼스]
숫자 30

sì shí [쓰스]
숫자 40

wǔ shí [우스]
숫자 50

liù shí [리오우스]
숫자 60

qī shí [치스]
숫자 70

bā shí [빠스]
숫자 80

jiǔ shí [지오우스]
숫자 90

èr bǎi [얼바이]
숫자 200

sān bǎi [싼바이]
숫자 300

sì qiān [쓰치엔]
숫자 4,000

wǔ qiān [우치엔]
숫자 5,000

liù wàn [리오우우안]
숫자 60,000

qī wàn [치우안]
숫자 70,000

10강

1. 중국어에서 날짜를 표현할 때에는 우리말과 같이 年(nián), 月(yuè), 日(rì)을 사용합니다. 단, 구어체에서는 日(rì) 대신 号(hào)를 씁니다.

예문

一月	yī yuè (1월)
十一月	shí yī yuè (11월)
一日	yī rì (1일)
二十号	èr shí hào (20일)

2. 연도를 표시할 때에는 각 자리의 숫자를 하나씩 읽습니다. 숫자 '0'은 零(líng) 또는 '〇'으로 표기합니다.

예문

一九九三年　yī jiǔ jiǔ sān nián (1993년)

二零一六年　èr líng yī liù nián (2016년)

年　年　年　年
nián [니엔]
년

月　月　月　月
yuè [위에]
월

日　日　日　日
rì [르]
일(문어체)

号　号　号　号
hào [하오]
일(구어체)

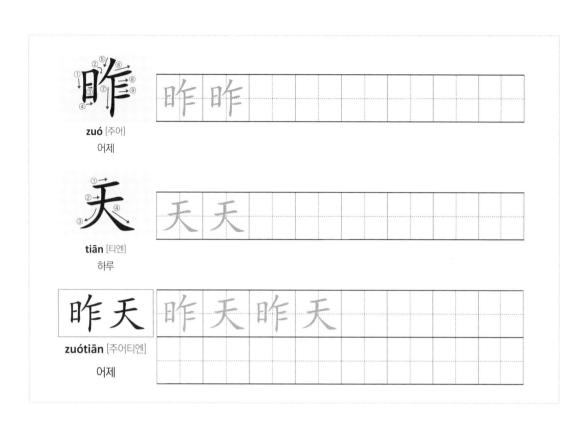

zuó [주어]
어제

tiān [티엔]
하루

zuótiān [주어티엔]
어제

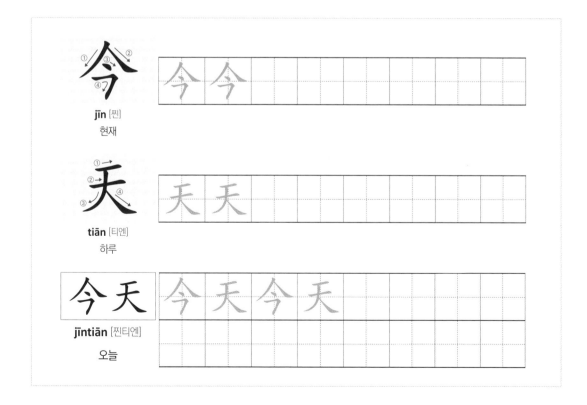

jīn [찐]
현재

tiān [티엔]
하루

jīntiān [찐티엔]
오늘

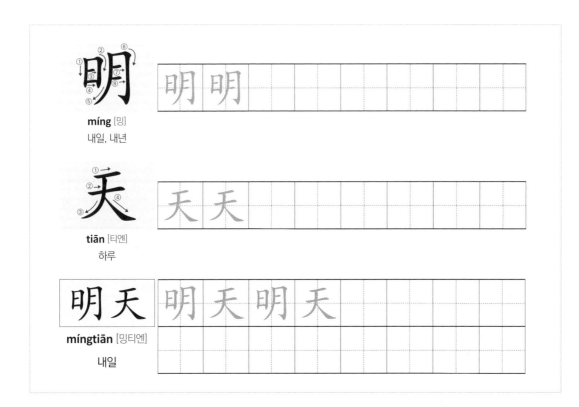

míng [밍]
내일, 내년

tiān [티엔]
하루

míngtiān [밍티엔]
내일

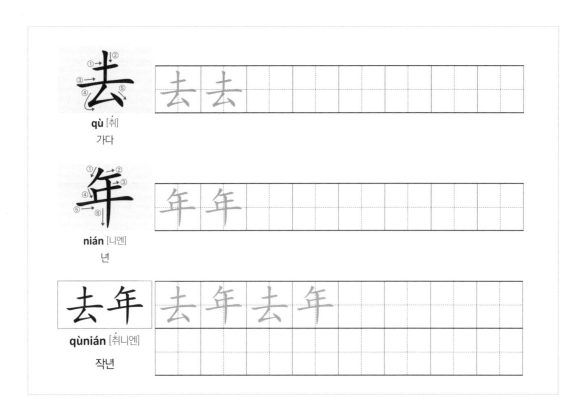

qù [취]
가다

nián [니엔]
년

qùnián [취니엔]
작년

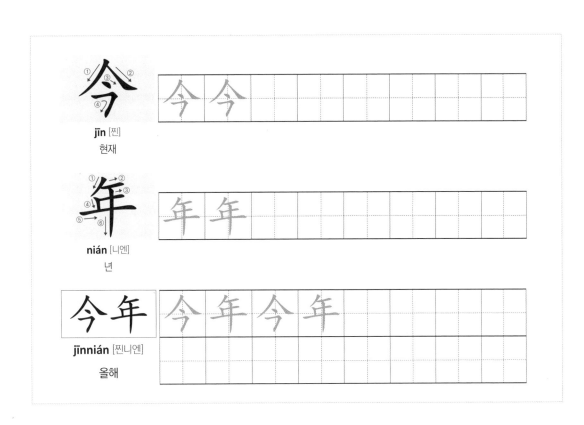

今
jīn [찐]
현재

年
nián [니엔]
년

今年
jīnnián [찐니엔]
올해

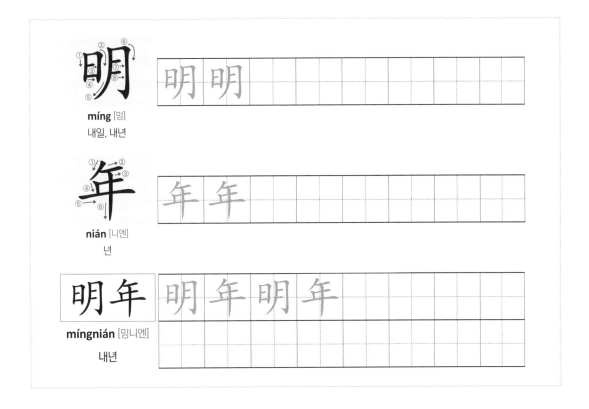

明
míng [밍]
내일, 내년

年
nián [니엔]
년

明年
míngnián [밍니엔]
내년

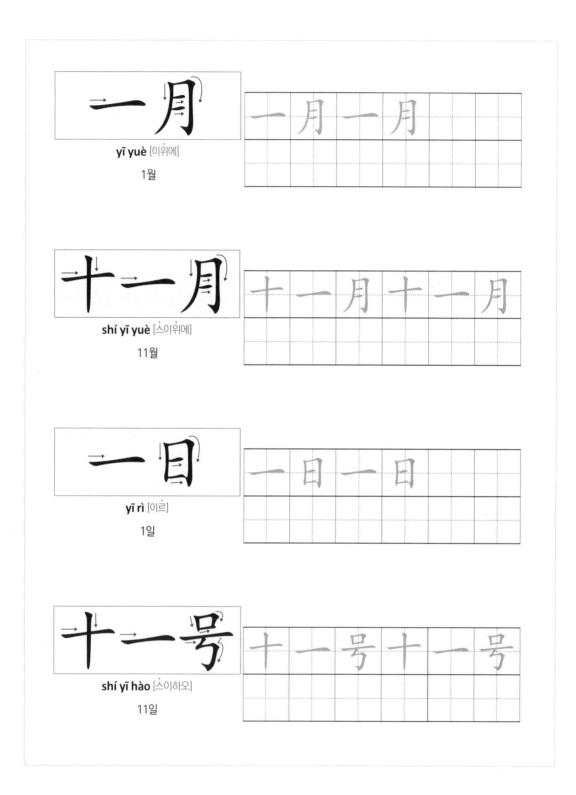

yī yuè [이위에]

1월

shí yī yuè [스이위에]

11월

yī rì [이르]

1일

shí yī hào [스이하오]

11일

yī jiǔ bā èr nián [이 지오우 빠 얼 니엔]

1982년

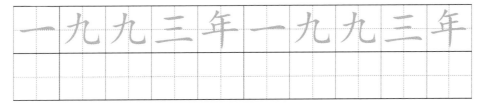

yī jiǔ jiǔ sān nián [이 지오우 지오우 싼 니엔]

1993년

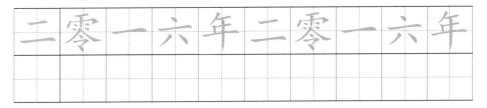

èr líng yī liù nián [얼 링 이 리오우 니엔]

2016년

중국어에서 요일을 표현할 때에는 '주(星期, xīngqī)'를 나타내는 단어 뒤에 요일 순서대로 숫자를 붙여서 표현합니다.

예문
星期一   xīngqīyī (월요일)

星期二   xīngqī'èr (화요일)

星期三   xīngqīsān (수요일)

단, '일요일'을 표현할 때에는 뒤에 '天(tiān)' 또는 '日(rì)'을 붙입니다.

예문
星期天   xīngqītiān (일요일)

星期日   xīngqīrì (일요일)

星 星

xīng [씽]
별

期 期

qī [치]
기간

星 期 星 期

xīngqī [씽치]
주

星 期 一 星 期 一

xīngqīyī [씽치이]
월요일

星期二 星期二 星期二

xīngqī'èr [씽치얼]

화요일

星期三 星期三 星期三

xīngqīsān [씽치싼]

수요일

星期四 星期四 星期四

xīngqīsì [씽치쓰]

목요일

星期五 星期五 星期五

xīngqīwǔ [씽치우]

금요일

星期六 星期六 星期六

xīngqīliù [씽치리오우]

토요일

星期天 星期天 星期天

xīngqītiān [씽치티엔]

일요일

星期日 星期日 星期日

xīngqīrì [씽치르]

일요일

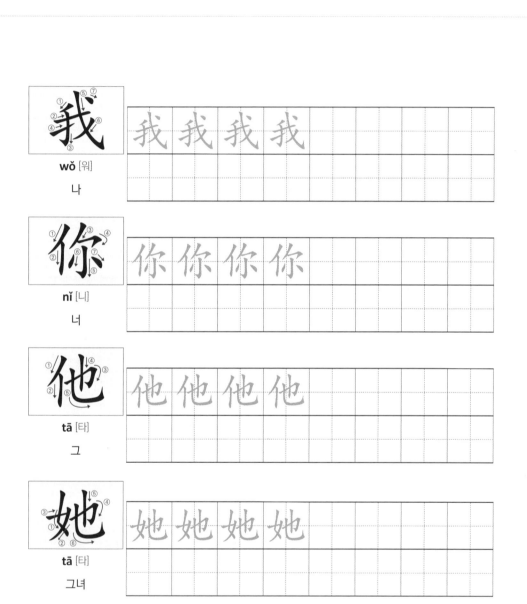

wǒ [워]
나

nǐ [니]
너

tā [타]
그

tā [타]
그녀

wǒmen [워먼]

우리

我	们	我	们			

zhè [쩌]

이(것)

这	这	这	这			

nà [내]

그(것)

那	那	那	那			

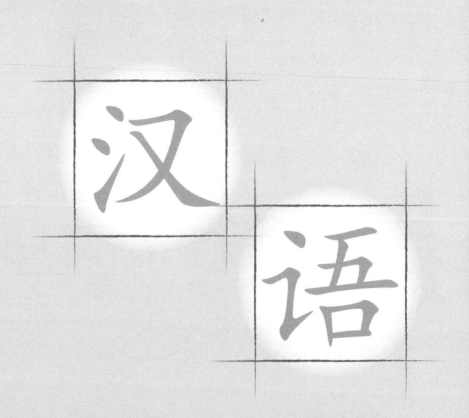

기초 중국어 문장
연습하기

중국어의 문장

중국어 문장은 기본적으로 '주어 + 동사 + 목적어'의 순서로 만들어집니다. 목적어가 동사 앞에 나오는 우리말과는 달리, 오히려 영어의 어순과 비슷하지요. 예를 들어 보겠습니다.

我 爱 你
[나는] [사랑한다] [너를]

I love you
[나는] [사랑한다]　　[너를]

我 看 电视
[나는]　[본다]　[텔레비전을]

I watch TV
[나는]　　[본다]　　[텔레비전을]

중국어의 기초 동사를 이용한 기본적인 문장들은 대체로 위와 같은 '주어 + 동사 + 목적어'의 순서대로 만들어져 있습니다. 중국어의 기본 어순을 먼저 잘 익혀 두면, 이어지는 응용 문장들도 어렵지 않게 공부할 수 있습니다.

문장패턴

我 + 是 + 学生
나는   ~이다   학생

Wǒ [워]   **shì** [스]   **xuésheng** [쉬에셩]

shì [스]

~이다

是	是	是	是					

xué [쉬에]

배우다

学	学							

shēng [셩]

학생

生	生							

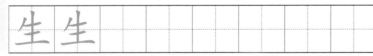

xuésheng [쉬에셩]

학생

学	生	学	生					

* '학생(学生)'이라는 단어에서는 '生(shēng)'을 경성으로 발음합니다.

老 lǎo [라오] 오래되다

师 shī [스] 선생, 스승

老师 lǎoshī [라오스] 선생님

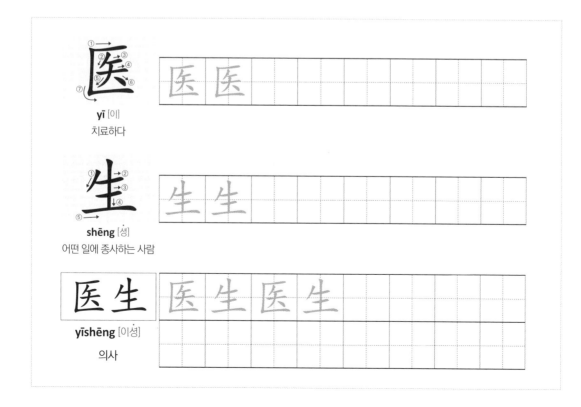

医 yī [이] 치료하다

生 shēng [셩] 어떤 일에 종사하는 사람

医生 yīshēng [이셩] 의사

huà [후아]
그리다

jiā [찌아]
어떤 활동을 하는 사람

画家
huàjiā [후아찌아]
화가

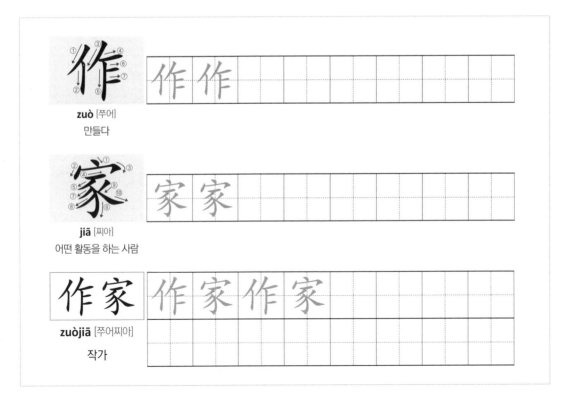

zuò [쭈어]
만들다

jiā [찌아]
어떤 활동을 하는 사람

作家
zuòjiā [쭈어찌아]
작가

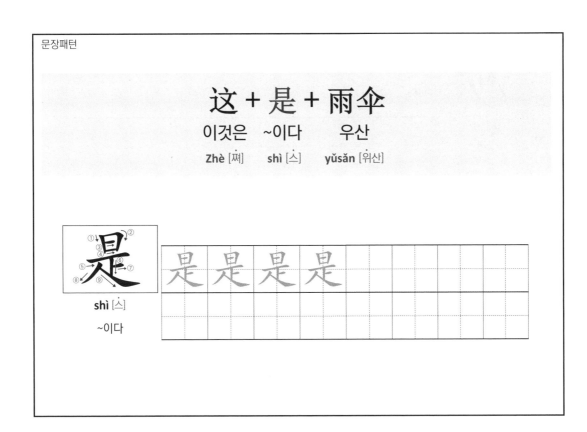

这 + 是 + 雨伞
이것은　~이다　우산
Zhè [쪄]　shì [스]　yǔsǎn [위산]

是
shì [스]
~이다

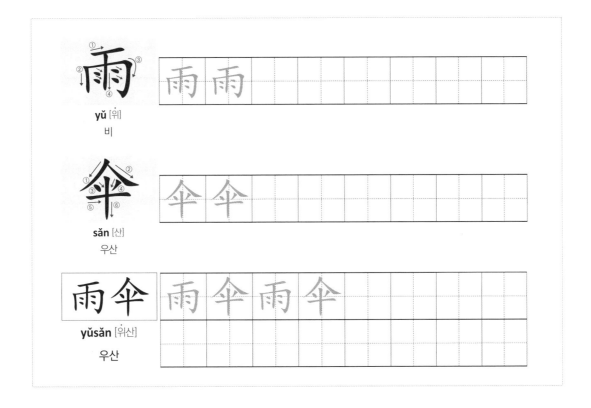

雨
yǔ [위]
비

伞
sǎn [산]
우산

雨伞
yǔsǎn [위산]
우산

shā [샤]

모래

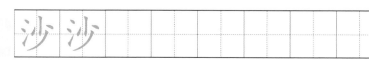

fā [파]

보내다

沙发

shāfā [샤파]

소파

* *沙发*(shāfā)는 외국어 'sofa'의 음을 따서 만든 단어입니다.

zhuō [쮸어]

탁자

zǐ [즈]

아들, 사람

桌子

zhuōzi [쮸어즈]

탁자

* *子*(zǐ)는 명사 뒤에 자주 붙는 단어로, 여기서는 성조 없이 'zi'로 발음합니다.

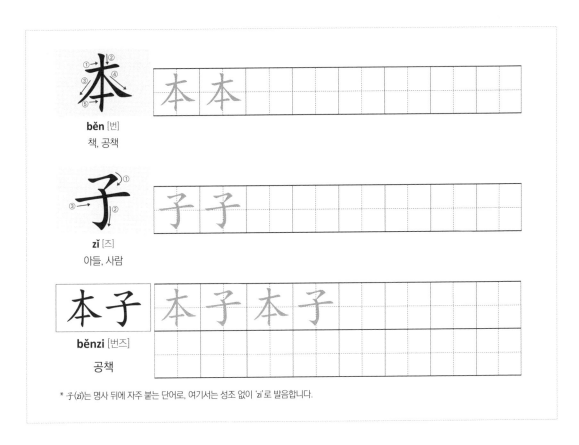

本 *běn* [번]
책, 공책

子 *zǐ* [즈]
아들, 사람

本子 *běnzi* [번즈]
공책

* 子(zǐ)는 명사 뒤에 자주 붙는 단어로, 여기서는 성조 없이 'zi'로 발음합니다.

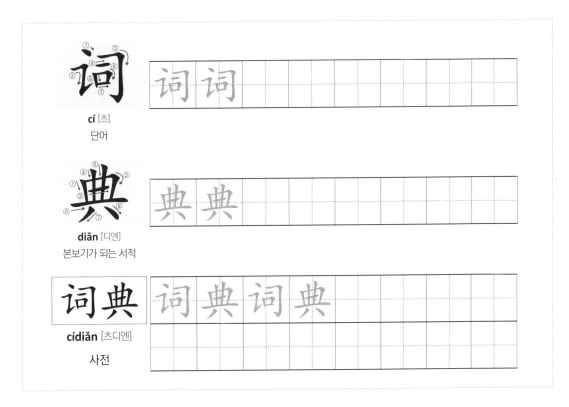

词 *cí* [츠]
단어

典 *diǎn* [디엔]
본보기가 되는 서적

词典 *cídiǎn* [츠디엔]
사전

나는 학생이다.

我是学生。

[Wǒ shì xuésheng.]

我是学生。

[ ]

나는 선생님이다.

我是老师。

[Wǒ shì lǎoshī.]

我是老师。

[ ]

나는 의사이다.

我是医生。

[Wǒ shì yīshēng.]

我是医生。

[ ]

나는 화가이다.

我是画家。

[Wǒ shì huàjiā.]

我是画家。

[ ]

나는 작가이다.

我是作家。

[Wǒ shì zuòjiā.]

我是作家。

[ ]

너는 학생이다.

你是学生。

[**Nǐ shì xuésheng.**]

你是学生。

[ ]

너는 선생님이다.

你是老师。

[**Nǐ shì lǎoshī.**]

你是老师。

[ ]

너는 의사이다.

你是医生。

[**Nǐ shì yīshēng.**]

你是医生。

[ ]

그는 화가이다.

他是画家。

[**Tā shì huàjiā.**]

他是画家。

[ ]

그녀는 작가이다.

她是作家。

[**Tā shì zuòjiā.**]

她是作家。

[ ]

▌이것은 우산이다.

这是雨伞。

[Zhè shì yǔsǎn.   ]

这是雨伞。

[   ]

▌이것은 소파이다.

这是沙发。

[Zhè shì shāfā.   ]

这是沙发。

[   ]

▌이것은 탁자이다.

这是桌子。

[Zhè shì zhuōzi.   ]

这是桌子。

[   ]

▌이것은 공책이다.

这是本子。

[Zhè shì běnzi.   ]

这是本子。

[   ]

▌이것은 사전이다.

这是词典。

[Zhè shì cídiǎn.   ]

这是词典。

[   ]

그것은 우산이다.

那是雨伞。

[Nà shì yǔsǎn.]

那是雨伞。

[ ]

그것은 소파이다.

那是沙发。

[Nà shì shāfā.]

那是沙发。

[ ]

그것은 탁자이다.

那是桌子。

[Nà shì zhuōzi.]

那是桌子。

[ ]

그것은 공책이다.

那是本子。

[Nà shì běnzi.]

那是本子。

[ ]

그것은 사전이다.

那是词典。

[Nà shì cídiǎn.]

那是词典。

[ ]

문장패턴

你 + 来 + 韩国
너는　　오다　　한국

Nǐ [니]　　**lái** [라이]　　**Hánguó** [한구어]

lái [라이]

오다

来	来	来	来					

hán [한]

나라 이름

韩	韩						

guó [구어]

나라

国	国						

韩国

Hánguó [한구어]

한국

韩	国	韩	国					

* 고유명사의 중국어 병음을 쓸 때에는 영어와 마찬가지로 첫 글자를 대문자로 씁니다.

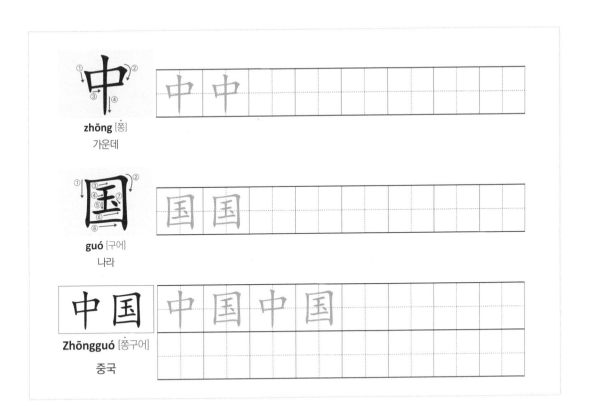

zhōng [쭝]
가운데

guó [구어]
나라

Zhōngguó [쭝구어]
중국

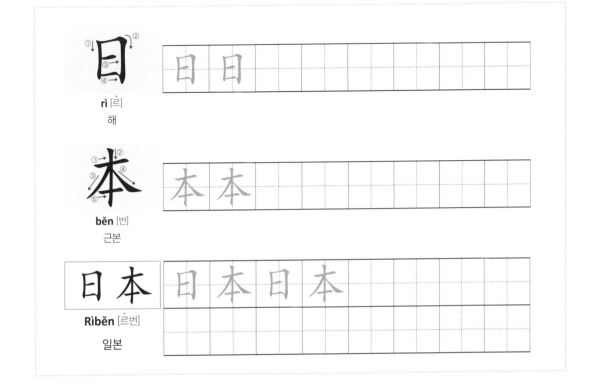

rì [르]
해

běn [번]
근본

Rìběn [르번]
일본

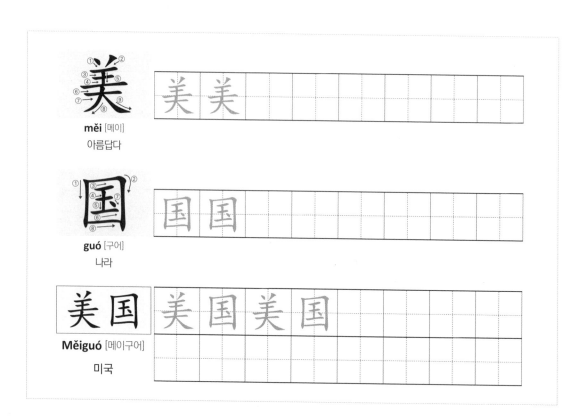

美 **měi** [메이]
아름답다

国 **guó** [구어]
나라

美国 **Měiguó** [메이구어]
미국

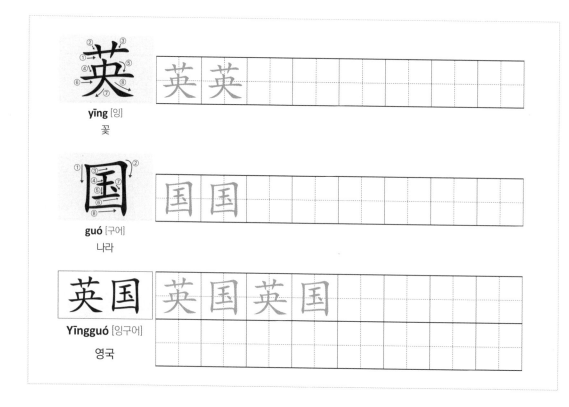

英 **yīng** [잉]
꽃

国 **guó** [구어]
나라

英国 **Yīngguó** [잉구어]
영국

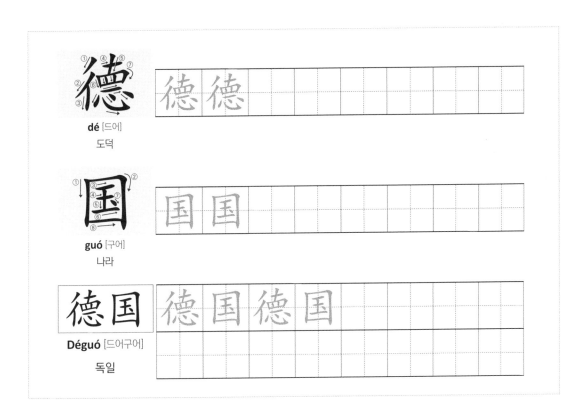

德 dé [드어]
도덕

国 guó [구어]
나라

德国 Déguó [드어구어]
독일

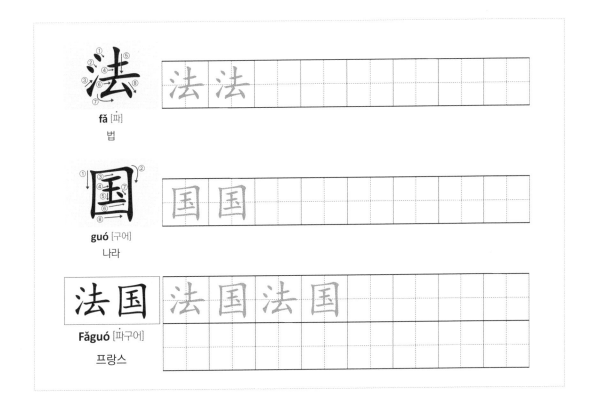

法 fǎ [파]
법

国 guó [구어]
나라

法国 Fǎguó [파구어]
프랑스

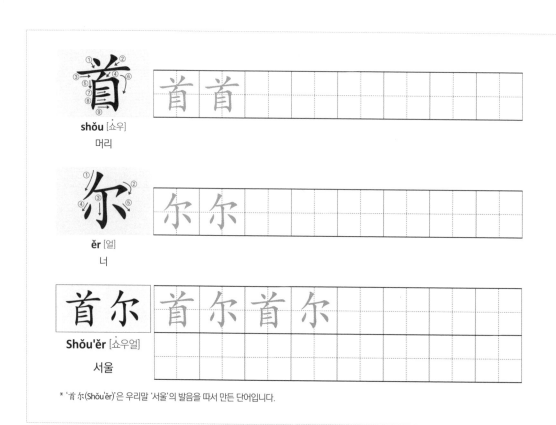

shǒu [쇼우]
머리

ěr [얼]
너

Shǒu'ěr [쇼우얼]
서울

* '首尔(Shǒu'ěr)'은 우리말 '서울'의 발음을 따서 만든 단어입니다.

běi [베이]
북쪽

jīng [찡]
수도

Běijīng [베이찡]
베이징

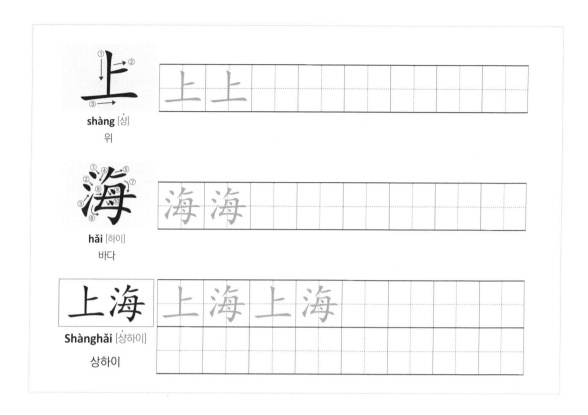

shàng [샹]
위

hǎi [하이]
바다

Shànghǎi [샹하이]
상하이

너는 한국에 온다.

你来韩国。

[**Nǐ lái Hánguó.**]

你来韩国。

[ ]

너는 중국에 온다.

你来中国。

[**Nǐ lái Zhōngguó.**]

你来中国。

[ ]

너는 일본에 온다.

你来日本。

[**Nǐ lái Rìběn.**]

你来日本。

[ ]

너는 미국에 온다.

你来美国。

[**Nǐ lái Měiguó.**]

你来美国。

[ ]

너는 영국에 온다.

你来英国。

[**Nǐ lái Yīngguó.**]

你来英国。

[ ]

▌너는 독일에 온다.

你来德国。

[Nǐ lái Déguó.]

你来德国。

[ ]

▌너는 프랑스에 온다.

你来法国。

[Nǐ lái Fǎguó.]

你来法国。

[ ]

▌너는 서울에 온다.

你来首尔。

[Nǐ lái Shǒu'ěr.]

你来首尔。

[ ]

▌너는 베이징에 온다.

你来北京。

[Nǐ lái Běijīng.]

你来北京。

[ ]

▌너는 상하이에 온다.

你来上海。

[Nǐ lái Shànghǎi.]

你来上海。

[ ]

그는 한국에 온다.

他来韩国。

[Tā lái Hánguó.]

他来韩国。

[ ]

그는 중국에 온다.

他来中国。

[Tā lái Zhōngguó.]

他来中国。

[ ]

그는 일본에 온다.

他来日本。

[Tā lái Rìběn.]

他来日本。

[ ]

그는 미국에 온다.

他来美国。

[Tā lái Měiguó.]

他来美国。

[ ]

그는 영국에 온다.

他来英国。

[Tā lái Yīngguó.]

他来英国。

[ ]

그녀는 독일에 온다.

她来德国。

[**Tā lái Déguó.**]

她来德国。

[ ]

그녀는 프랑스에 온다.

她来法国。

[**Tā lái Fǎguó.**]

她来法国。

[ ]

그녀는 서울에 온다.

她来首尔。

[**Tā lái Shǒu'ěr.**]

她来首尔。

[ ]

그녀는 베이징에 온다.

她来北京。

[**Tā lái Běijīng.**]

她来北京。

[ ]

그녀는 상하이에 온다.

她来上海。

[**Tā lái Shànghǎi.**]

她来上海。

[ ]

문장패턴

我 + 去 + 旅游

나는　　가다　　여행

Wǒ [워]　**qù** [취]　**lǚyóu** [뤼요우]

qù [취]

가다

去	去	去	去					

lǚ [뤼]

여행하다

旅	旅							

yóu [요우]

유람하다

游	游							

lǚyóu [뤼요우]

여행

旅	游	旅	游					

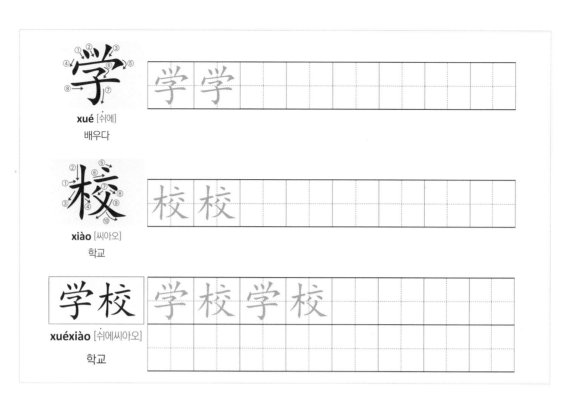

学 xué [쉬에]
배우다

校 xiào [씨아오]
학교

学校 xuéxiào [쉬에씨아오]
학교

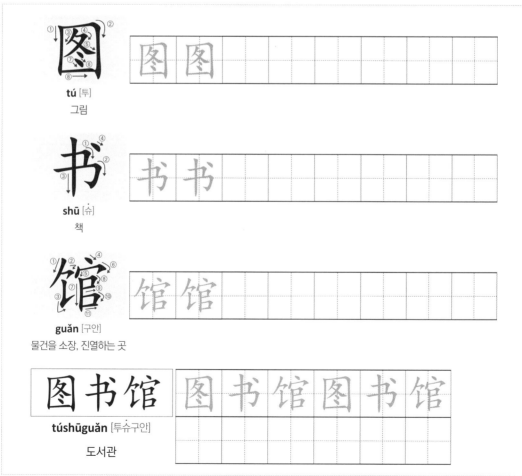

图 tú [투]
그림

书 shū [슈]
책

馆 guǎn [구안]
물건을 소장, 진열하는 곳

图书馆 túshūguǎn [투슈구안]
도서관

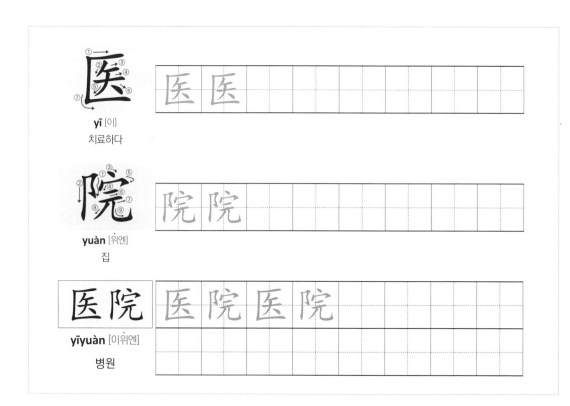

医
yī [이]
치료하다

院
yuàn [위엔]
집

医院
yīyuàn [이위엔]
병원

邮
yóu [요우]
부치다

局
jú [취]
부서, 국

邮局
yóujú [요우취]
우체국

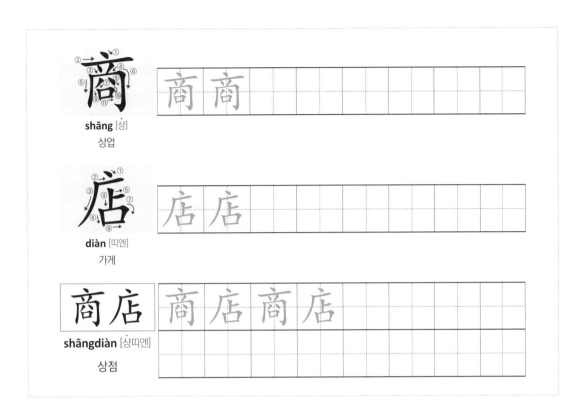

商 shāng [상]
상업

店 diàn [띠엔]
가게

商店 shāngdiàn [샹띠엔]
상점

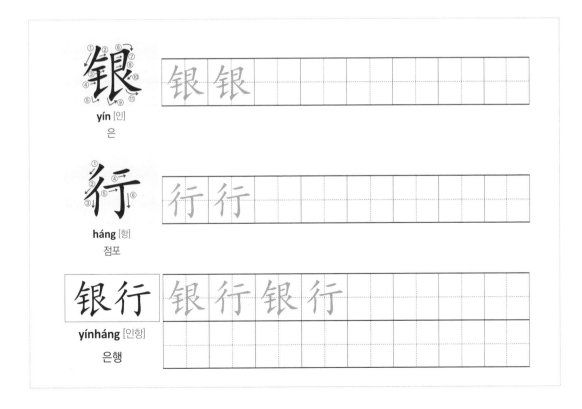

银 yín [인]
은

行 háng [항]
점포

银行 yínháng [인항]
은행

饭 fàn [판] 밥

店 diàn [띠엔] 가게

饭店 fàndiàn [판띠엔] 음식점

市 shì [스] 시장

场 chǎng [창] 장소

市场 shìchǎng [스챵] 시장

chāo [챠오]
초과하다

shì [스]
시장

chāoshì [챠오스]
슈퍼마켓

■ 나는 여행 간다.

我去旅游。

[Wǒ qù lǚyóu.]

我去旅游。

[   ]

■ 나는 학교에 간다.

我去学校。

[Wǒ qù xuéxiào.]

我去学校。

[   ]

■ 나는 도서관에 간다.

我去图书馆。

[Wǒ qù túshūguǎn.]

我去图书馆。

[   ]

■ 나는 병원에 간다.

我去医院。

[Wǒ qù yīyuàn.]

我去医院。

[   ]

■ 나는 우체국에 간다.

我去邮局。

[Wǒ qù yóujú.]

我去邮局。

[   ]

나는 상점에 간다.

我去商店。

[Wǒ qù shāngdiàn.]

我去商店。

[ ]

나는 은행에 간다.

我去银行。

[Wǒ qù yínháng.]

我去银行。

[ ]

나는 음식점에 간다.

我去饭店。

[Wǒ qù fàndiàn.]

我去饭店。

[ ]

나는 시장에 간다.

我去市场。

[Wǒ qù shìchǎng.]

我去市场。

[ ]

나는 슈퍼마켓에 간다.

我去超市。

[Wǒ qù chāoshì.]

我去超市。

[ ]

▌너는 여행 간다.

你去旅游。

[**Nǐ qù lǚyóu.**]

你去旅游。

[ ]

▌너는 학교에 간다.

你去学校。

[**Nǐ qù xuéxiào.**]

你去学校。

[ ]

▌너는 도서관에 간다.

你去图书馆。

[**Nǐ qù túshūguǎn.**]

你去图书馆。

[ ]

▌너는 병원에 간다.

你去医院。

[**Nǐ qù yīyuàn.**]

你去医院。

[ ]

▌그는 우체국에 간다.

他去邮局。

[**Tā qù yóujú.**]

他去邮局。

[ ]

┃ 그는 상점에 간다.

他去商店。

[**Tā qù shāngdiàn.**]

他去商店。

[ ]

┃ 그녀는 은행에 간다.

她去银行。

[**Tā qù yínháng.**]

她去银行。

[ ]

┃ 그녀는 음식점에 간다.

她去饭店。

[**Tā qù fàndiàn.**]

她去饭店。

[ ]

┃ 우리는 시장에 간다.

我们去市场。

[**Wǒmen qù shìchǎng.**]

我们去市场。

[ ]

┃ 우리는 슈퍼마켓에 간다.

我们去超市。

[**Wǒmen qù chāoshì.**]

我们去超市。

[ ]

문장패턴

我 + 在 + 家
나는 ~에 있다 집
Wǒ [워]   **zài** [짜이]   **jiā** [찌아]

zài [짜이]

~에 있다

在	在	在	在					

jiā [찌아]

집

家	家	家	家					

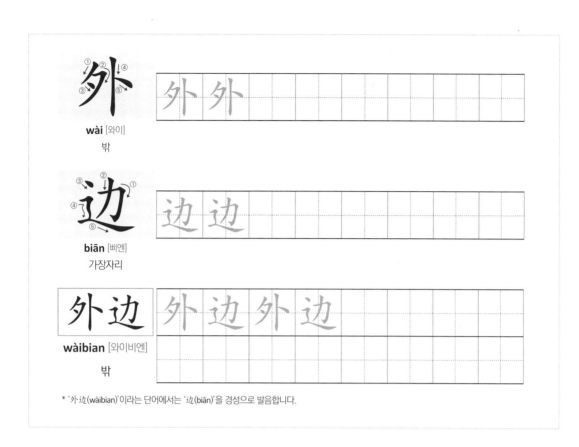

外 wài [와이]
밖

边 biān [삐엔]
가장자리

外边 wàibian [와이비엔]
밖

* '外边(wàibian)'이라는 단어에서는 '边(biān)'을 경성으로 발음합니다.

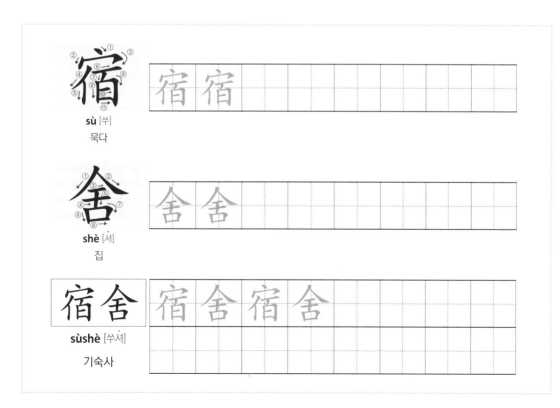

宿 sù [쑤]
묵다

舍 shè [셔]
집

宿舍 sùshè [쑤셔]
기숙사

办
bàn [빤]
처리하다

公
gōng [꽁]
공무, 사무

室
shì [스]
방

办公室
bàngōngshì [빤꽁스]
사무실

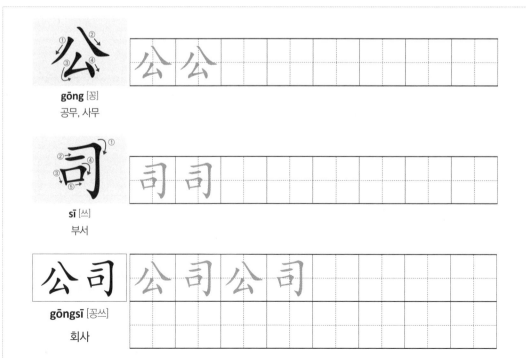

公
gōng [꽁]
공무, 사무

司
sī [쓰]
부서

公司
gōngsī [꽁쓰]
회사

地 dì [띠]
땅, 바닥

铁 tiě [티에]
철

站 zhàn [짠]
정류장, 역

地铁站 dìtiězhàn [띠티에짠]
지하철역

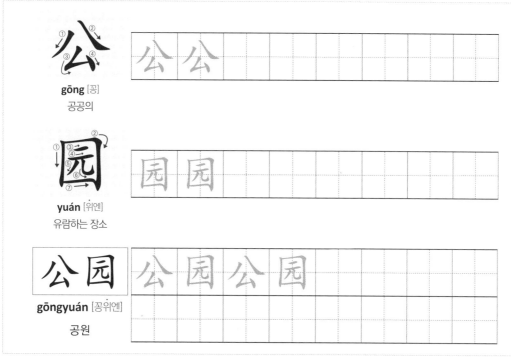

公 gōng [꽁]
공공의

园 yuán [위엔]
유람하는 장소

公园 gōngyuán [꽁위엔]
공원

dòng [똥]
움직이다

wù [우]
사물

yuán [위엔]
유람하는 장소

dòngwùyuán [똥우위엔]
동물원

kā [카]

fēi [페이]

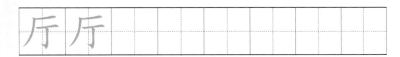

厅

tīng [팅]
큰 방, 홀

咖啡厅

kāfēitīng [카페이팅]
카페

* '咖啡(kāfēi)'는 외국어 'coffee'의 발음을 따서 만들어진 단어입니다.

cān [찬]
식사

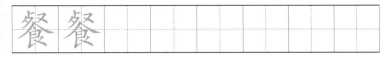

厅

tīng [팅]
큰 방, 홀

餐厅

cāntīng [찬팅]
음식점

나는 집에 있다.

我在家。

[Wǒ zài jiā.]

我在家。

[ ]

나는 밖에 있다.

我在外边。

[Wǒ zài wàibian.]

我在外边。

[ ]

나는 기숙사에 있다.

我在宿舍。

[Wǒ zài sùshè.]

我在宿舍。

[ ]

나는 사무실에 있다.

我在办公室。

[Wǒ zài bàngōngshì.]

我在办公室。

[ ]

나는 회사에 있다.

我在公司。

[Wǒ zài gōngsī.]

我在公司。

[ ]

▍나는 지하철역에 있다.

我在地铁站。

[**Wǒ zài dìtiězhàn.**]

我在地铁站。

[ ]

▍나는 공원에 있다.

我在公园。

[**Wǒ zài gōngyuán.**]

我在公园。

[ ]

▍나는 동물원에 있다.

我在动物园。

[**Wǒ zài dòngwùyuán.**]

我在动物园。

[ ]

▍나는 카페에 있다.

我在咖啡厅。

[**Wǒ zài kāfēitīng.**]

我在咖啡厅。

[ ]

▍나는 음식점에 있다.

我在餐厅。

[**Wǒ zài cāntīng.**]

我在餐厅。

[ ]

▌너는 집에 있다.

你在家。

[**Nǐ zài jiā.**]

你在家。

[ ]

▌너는 밖에 있다.

你在外边。

[**Nǐ zài wàibian.**]

你在外边。

[ ]

▌너는 기숙사에 있다.

你在宿舍。

[**Nǐ zài sùshè.**]

你在宿舍。

[ ]

▌너는 사무실에 있다.

你在办公室。

[**Nǐ zài bàngōngshì.**]

你在办公室。

[ ]

▌그는 회사에 있다.

他在公司。

[**Tā zài gōngsī.**]

他在公司。

[ ]

그는 지하철역에 있다.

他在地铁站。

[Tā zài dìtiězhàn.   ]

他在地铁站。

[   ]

그녀는 공원에 있다.

她在公园。

[Tā zài gōngyuán.   ]

她在公园。

[   ]

그녀는 동물원에 있다.

她在动物园。

[Tā zài dòngwùyuán.   ]

她在动物园。

[   ]

우리는 카페에 있다.

我们在咖啡厅。

[Wǒmen zài kāfēitīng.   ]

我们在咖啡厅。

[   ]

우리는 음식점에 있다.

我们在餐厅。

[Wǒmen zài cāntīng.   ]

我们在餐厅。

[   ]

문장패턴

我 + 看 + 书

나는 보다 책

Wǒ [워] kàn [칸] shū [슈]

我 + 听 + 声音

나는 듣다 소리

Wǒ [워] tīng [팅] shēngyīn [셩인]

kàn [칸]

보다

tīng [팅]

듣다

shū [슈]

책

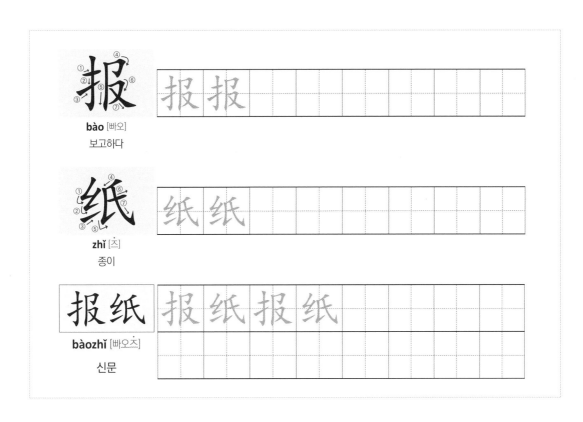

报 bào [빠오]
보고하다

纸 zhǐ [즈]
종이

报纸 bàozhǐ [빠오즈]
신문

电 diàn [띠엔]
전기

影 yǐng [이잉]
영화

电影 diànyǐng [띠엔이잉]
영화

电 diàn [띠엔]
전기

视 shì [스]
보다

电视 diànshì [띠엔스]
텔레비전

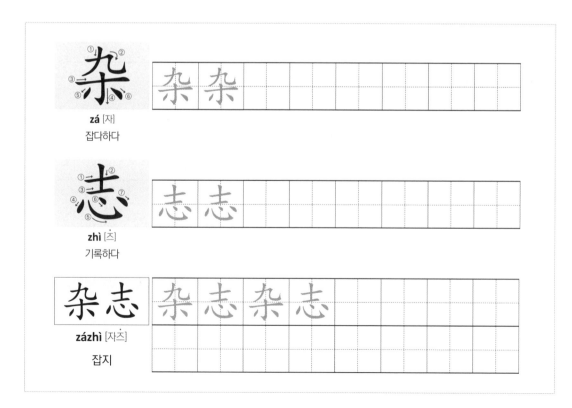

杂 zá [자]
잡다하다

志 zhì [즈]
기록하다

杂志 zázhì [자즈]
잡지

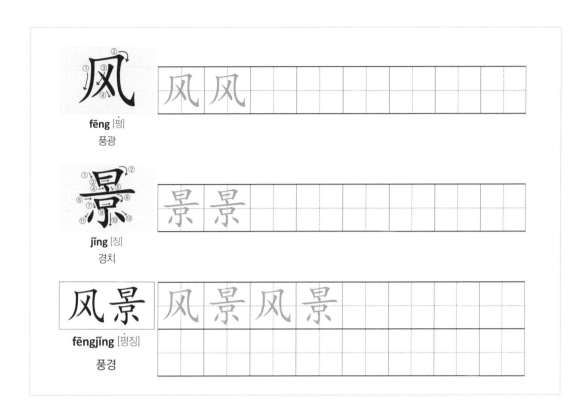

风 fēng [펑] 풍광

景 jǐng [징] 경치

风景 fēngjǐng [펑징] 풍경

病 bìng [삥] 병

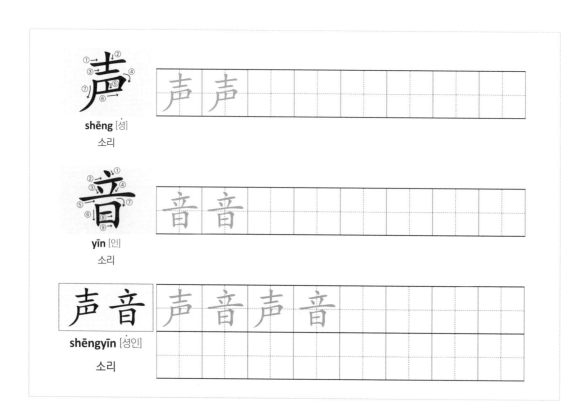

声
shēng [성]
소리

音
yīn [인]
소리

声音
shēngyīn [성인]
소리

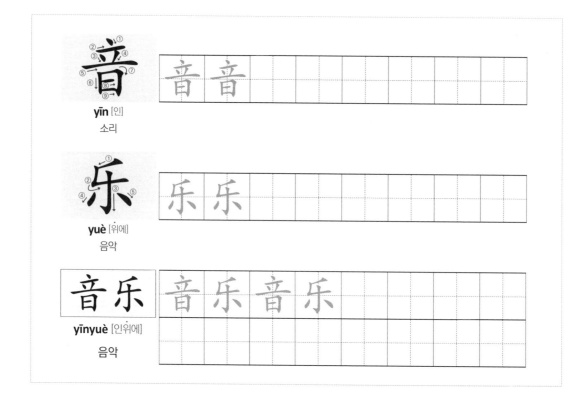

音
yīn [인]
소리

乐
yuè [위에]
음악

音乐
yīnyuè [인위에]
음악

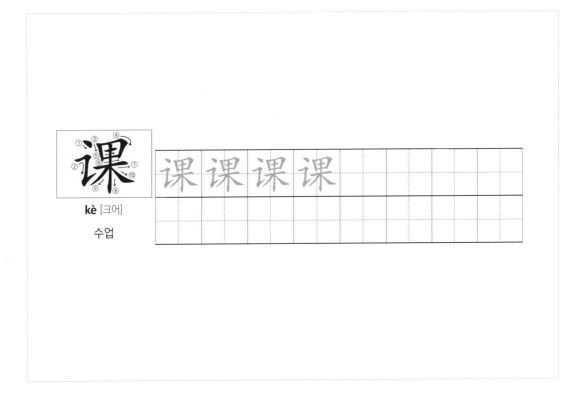

课 课 课 课

kè [크어]

수업

▌나는 책을 본다.

我看书。

[**Wǒ kàn shū.**]

我看书。

[ ]

▌나는 신문을 본다.

我看报纸。

[**Wǒ kàn bàozhǐ.**]

我看报纸。

[ ]

▌나는 영화를 본다.

我看电影。

[**Wǒ kàn diànyǐng.**]

我看电影。

[ ]

▌나는 텔레비전을 본다.

我看电视。

[**Wǒ kàn diànshì.**]

我看电视。

[ ]

▌나는 잡지를 본다.

我看杂志。

[**Wǒ kàn zázhì.**]

我看杂志。

[ ]

| 나는 풍경을 본다.

我看风景。

[Wǒ kàn fēngjǐng.]

我看风景。

[ ]

| 나는 진찰한다.

我看病。

[Wǒ kàn bìng.]

我看病。

[ ]

| 나는 소리를 듣는다.

我听声音。

[Wǒ tīng shēngyīn.]

我听声音。

[ ]

| 나는 음악을 듣는다.

我听音乐。

[Wǒ tīng yīnyuè.]

我听音乐。

[ ]

| 나는 수업을 듣는다.

我听课。

[Wǒ tīng kè.]

我听课。

[ ]

너는 책을 본다.

你看书。

[Nǐ kàn shū.]

你看书。

[ ]

너는 신문을 본다.

你看报纸。

[Nǐ kàn bàozhǐ.]

你看报纸。

[ ]

너는 영화를 본다.

你看电影。

[Nǐ kàn diànyǐng.]

你看电影。

[ ]

너는 텔레비전을 본다.

你看电视。

[Nǐ kàn diànshì.]

你看电视。

[ ]

그는 잡지를 본다.

他看杂志。

[Tā kàn zázhì.]

他看杂志。

[ ]

그는 풍경을 본다.

他看风景。

[Tā kàn fēngjǐng.]

他看风景。

[ ]

그녀는 진찰한다.

她看病。

[Tā kàn bìng.]

她看病。

[ ]

그녀는 소리를 듣는다.

她听声音。

[Tā tīng shēngyīn.]

她听声音。

[ ]

우리는 음악을 듣는다.

我们听音乐。

[Wǒmen tīng yīnyuè.]

我们听音乐。

[ ]

우리는 수업을 듣는다.

我们听课。

[Wǒmen tīng kè.]

我们听课。

[ ]

문장패턴

我 + 有 + 朋友
나는　　있다　　친구
Wǒ [워]　　**yǒu** [요우]　　**péngyou** [펑요우]

yǒu [요우]
있다

有	有	有	有					

péng [펑]
친구

朋	朋							

yǒu [요우]
친구, 벗

友	友							

péngyou [펑요우]
친구

朋	友	朋	友				

* '朋友(péngyou)'라는 단어에서는 '友(yǒu)'를 경성으로 발음합니다.

nán [난]
남자

péng [펑]
친구

yǒu [요우]
친구, 벗

nánpéngyou [난펑요우]
남자 친구

nǚ [뉘]
여자

女	女								

péng [펑]
친구

朋	朋								

yǒu [요우]
친구, 벗

友	友								

女朋友

nǚpéngyou [뉘펑요우]
여자 친구

女	朋	友	女	朋	友		

钱

qián [치엔]
돈

钱	钱	钱	钱						

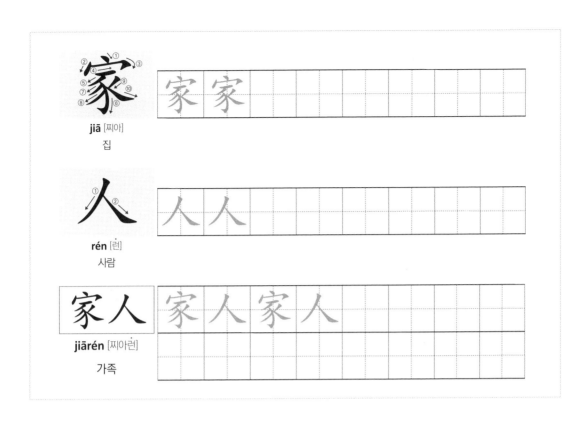

家 jiā [찌아]
집

人 rén [런]
사람

家人 jiārén [찌아런]
가족

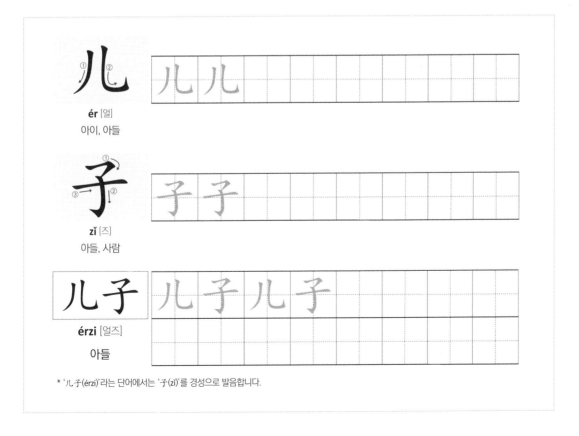

儿 ér [얼]
아이, 아들

子 zǐ [즈]
아들, 사람

儿子 érzi [얼즈]
아들

* '儿子(érzi)'라는 단어에서는 '子(zǐ)'를 경성으로 발음합니다.

女
nǚ [뉘]
여자

儿
ér [얼]
아이, 아들

女儿
nǚ'ér [뉘얼]
딸

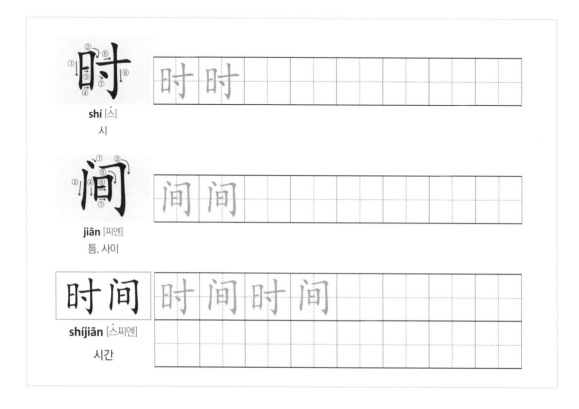

时
shí [스]
시

间
jiān [찌엔]
틈, 사이

时间
shíjiān [스찌엔]
시간

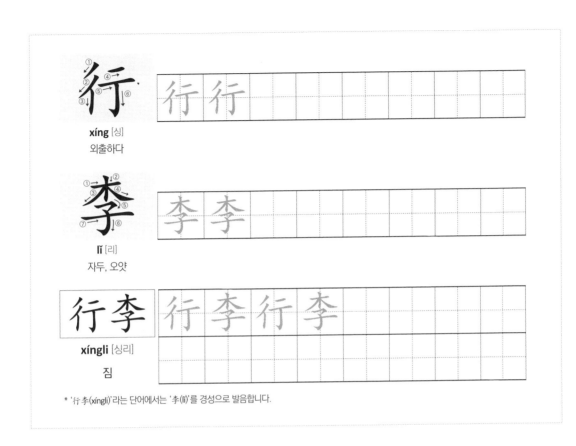

行
xíng [싱]
외출하다

李
lǐ [리]
자두, 오얏

行李
xíngli [싱리]
짐

* '行李(xíngli)'라는 단어에서는 '李(lǐ)'를 경성으로 발음합니다.

护
hù [후]
보호하다

照
zhào [쟈오]
자격증

护照
hùzhào [후쟈오]
여권

▎나는 친구가 있다.

我有朋友。

[**Wǒ yǒu péngyou.**]

我有朋友。

[ ]

▎나는 남자 친구가 있다.

我有男朋友。

[**Wǒ yǒu nánpéngyou.**]

我有男朋友。

[ ]

▎나는 여자 친구가 있다.

我有女朋友。

[**Wǒ yǒu nǚpéngyou.**]

我有女朋友。

[ ]

▎나는 돈이 있다.

我有钱。

[**Wǒ yǒu qián.**]

我有钱。

[ ]

▎나는 가족이 있다.

我有家人。

[**Wǒ yǒu jiārén.**]

我有家人。

[ ]

나는 아들이 있다.

我有儿子。

[**Wǒ yǒu érzi.**]

我有儿子。

[ ]

나는 딸이 있다.

我有女儿。

[**Wǒ yǒu nǚ'ér.**]

我有女儿。

[ ]

나는 시간이 있다.

我有时间。

[**Wǒ yǒu shíjiān.**]

我有时间。

[ ]

나는 짐이 있다.

我有行李。

[**Wǒ yǒu xíngli.**]

我有行李。

[ ]

나는 여권이 있다.

我有护照。

[**Wǒ yǒu hùzhào.**]

我有护照。

[ ]

▌너는 친구가 있다.

你有朋友。

[**Nǐ yǒu péngyou.**]

你有朋友。

[ ]

▌너는 남자 친구가 있다.

你有男朋友。

[**Nǐ yǒu nánpéngyou.**]

你有男朋友。

[ ]

▌너는 여자 친구가 있다.

你有女朋友。

[**Nǐ yǒu nǚpéngyou.**]

你有女朋友。

[ ]

▌너는 돈이 있다.

你有钱。

[**Nǐ yǒu qián.**]

你有钱。

[ ]

▌그는 가족이 있다.

他有家人。

[**Tā yǒu jiārén.**]

他有家人。

[ ]

▌그는 아들이 있다.

他有儿子。

[**Tā yǒu érzi.**]

他有儿子。

[ ]

▌그녀는 딸이 있다.

她有女儿。

[**Tā yǒu nǚ'ér.**]

她有女儿。

[ ]

▌그녀는 시간이 있다.

她有时间。

[**Tā yǒu shíjiān.**]

她有时间。

[ ]

▌우리는 짐이 있다.

我们有行李。

[**Wǒmen yǒu xíngli.**]

我们有行李。

[ ]

▌우리는 여권이 있다.

我们有护照。

[**Wǒmen yǒu hùzhào.**]

我们有护照。

[ ]

문장패턴

我 + 吃 + 饭

나는 　먹다 　밥

Wǒ [워] 　chī [츠] 　fàn [판]

我 + 喝 + 水

나는 　마시다 　물

Wǒ [워] 　hē [흐어] 　shuǐ [슈에이]

chī [츠]

먹다

吃 吃 吃 吃

喝

hē [흐어]

마시다

喝 喝 喝 喝

fàn [판]

밥

饭 饭 饭 饭

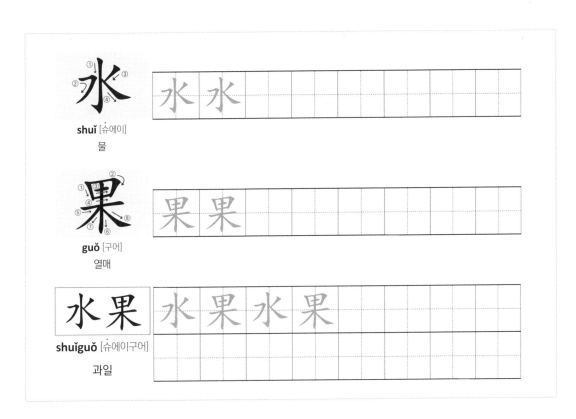

shuǐ [슈에이]
물

guǒ [구어]
열매

shuǐguǒ [슈에이구어]
과일

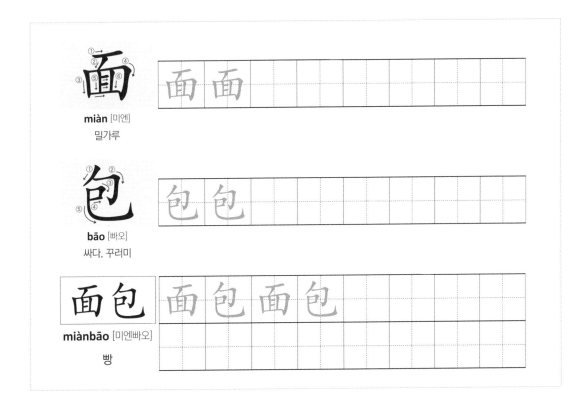

miàn [미엔]
밀가루

bāo [빠오]
싸다, 꾸러미

miànbāo [미엔빠오]
빵

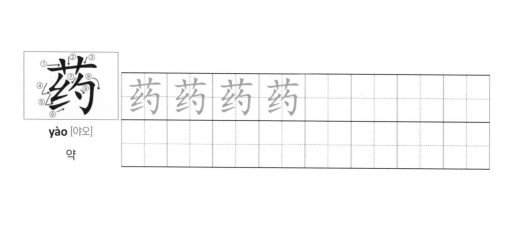

yào [야오]

약

yuè [위에]

달

bǐng [빙]

넓적한 밀가루 음식

yuèbing [위에빙]

월병

* '月饼(yuèbing)'이라는 단어에서는 '饼(bǐng)'을 경성으로 발음합니다.

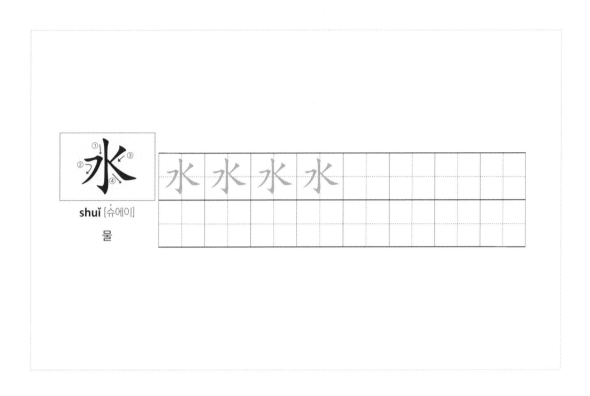

shuǐ [슈에이]
물

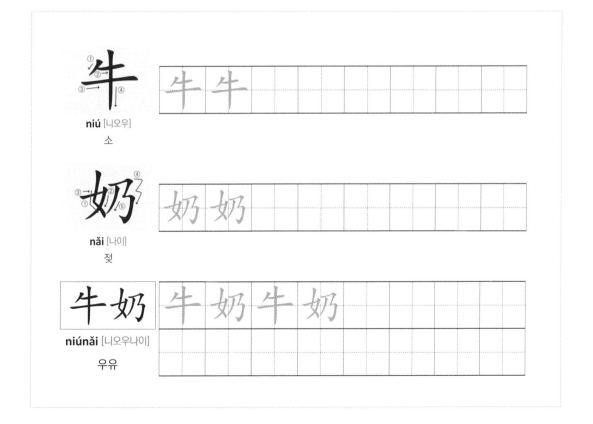

niú [니오우]
소

nǎi [나이]
젖

niúnǎi [니오우나이]
우유

kā [카]

fēi [페이]

咖啡
kāfēi [카페이]
커피

* '咖啡(kāfēi)'는 외국어 'coffee'의 발음을 따서 만들어진 단어입니다.

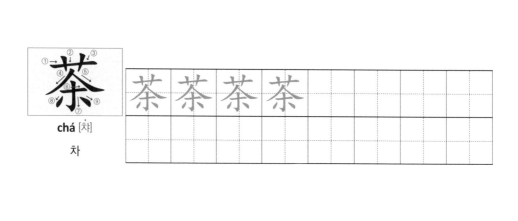

chá [챠]
차

酒

jiǔ [지오우]

술

酒 酒 酒 酒

▌나는 밥을 먹는다.

我吃饭。

[Wǒ chī fàn.   ]

我吃饭。

[   ]

▌나는 과일을 먹는다.

我吃水果。

[Wǒ chī shuǐguǒ.   ]

我吃水果。

[   ]

▌나는 빵을 먹는다.

我吃面包。

[Wǒ chī miànbāo.   ]

我吃面包。

[   ]

▌나는 약을 먹는다.

我吃药。

[Wǒ chī yào.   ]

我吃药。

[   ]

▌나는 월병을 먹는다.

我吃月饼。

[Wǒ chī yuèbing.   ]

我吃月饼。

[   ]

나는 물을 마신다.

我喝水。

[Wǒ hē shuǐ.]

我喝水。

[ ]

나는 우유를 마신다.

我喝牛奶。

[Wǒ hē niúnǎi.]

我喝牛奶。

[ ]

나는 커피를 마신다.

我喝咖啡。

[Wǒ hē kāfēi.]

我喝咖啡。

[ ]

나는 차를 마신다.

我喝茶。

[Wǒ hē chá.]

我喝茶。

[ ]

나는 술을 마신다.

我喝酒。

[Wǒ hē jiǔ.]

我喝酒。

[ ]

■너는 밥을 먹는다.

你吃饭。

[Nǐ chī fàn.   ]

你吃饭。

[   ]

■너는 과일을 먹는다.

你吃水果。

[Nǐ chī shuǐguǒ.   ]

你吃水果。

[   ]

■그는 빵을 먹는다.

他吃面包。

[Tā chī miànbāo.   ]

他吃面包。

[   ]

■그녀는 약을 먹는다.

她吃药。

[Tā chī yào.   ]

她吃药。

[   ]

■우리는 월병을 먹는다.

我们吃月饼。

[Wǒmen chī yuèbing.   ]

我们吃月饼。

[   ]

너는 물을 마신다.

你喝水。

[Nǐ hē shuǐ.   ]

你喝水。

[   ]

너는 우유를 마신다.

你喝牛奶。

[Nǐ hē niúnǎi.   ]

你喝牛奶。

[   ]

그는 커피를 마신다.

他喝咖啡。

[Tā hē kāfēi.   ]

他喝咖啡。

[   ]

그녀는 차를 마신다.

她喝茶。

[Tā hē chá.   ]

她喝茶。

[   ]

우리는 술을 마신다.

我们喝酒。

[Wǒmen hē jiǔ.   ]

我们喝酒。

[   ]

문장패턴

我 + 喜欢 + 春天 ｜ 我 + 爱 + 爸爸
나는　좋아하다　봄 ｜ 나는　사랑하다　아빠

Wǒ [워]　xǐhuan [씨후안]　chūntiān [춘티엔] ｜ Wǒ [워]　ài [아이]　bàba [빠바]

xǐhuan [씨후안]

좋아하다

喜欢喜欢

ài [아이]

사랑하다

爱 爱 爱 爱

chūn [춘]

봄

春 春

tiān [티엔]

계절

天 天

春天

chūntiān [춘티엔]

봄

春 天 春 天

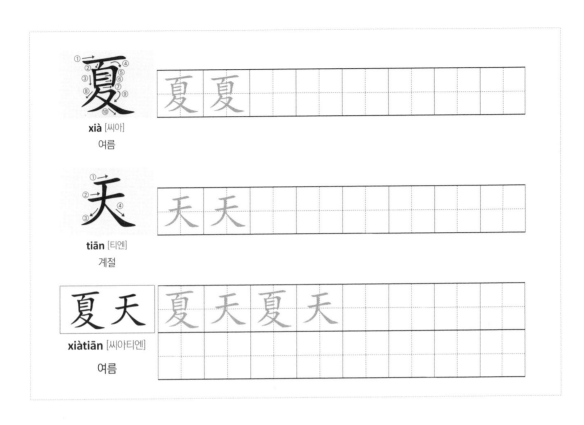

夏
xià [씨아]
여름

天
tiān [티엔]
계절

夏天
xiàtiān [씨아티엔]
여름

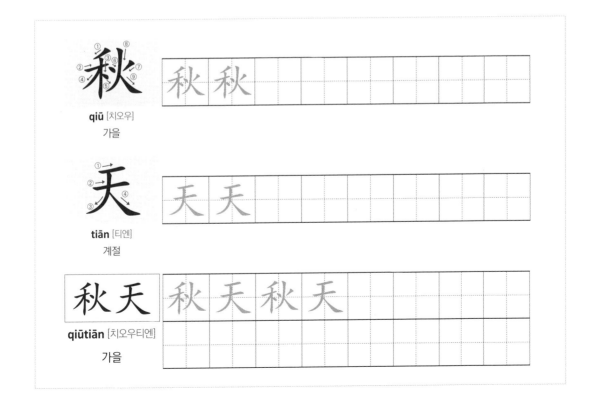

秋
qiū [치오우]
가을

天
tiān [티엔]
계절

秋天
qiūtiān [치오우티엔]
가을

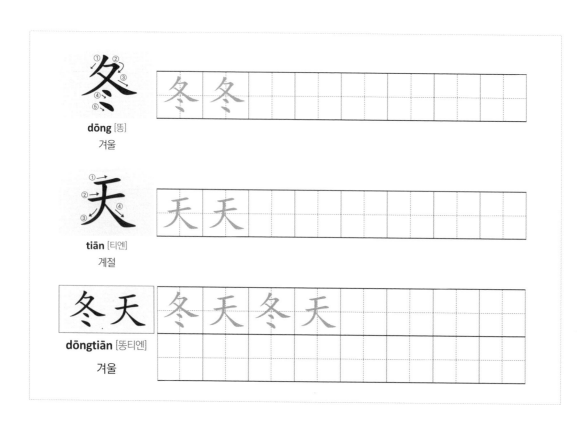

dōng [똥]
겨울

tiān [티엔]
계절

dōngtiān [똥티엔]
겨울

bàba [빠바]
아빠

māma [마마]
엄마

gēge [끄어거]

형, 오빠

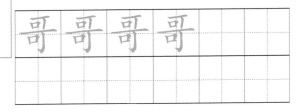

jiějie [지에지에]

언니, 누나

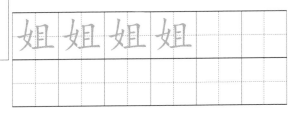

dìdi [띠디]

남동생

mèimei [메이메이]

여동생

▌나는 봄을 좋아한다.

我喜欢春天。

[Wǒ xǐhuan chūntiān.]

我喜欢春天。

[   ]

▌나는 여름을 좋아한다.

我喜欢夏天。

[Wǒ xǐhuan xiàtiān.]

我喜欢夏天。

[   ]

▌나는 가을을 좋아한다.

我喜欢秋天。

[Wǒ xǐhuan qiūtiān.]

我喜欢秋天。

[   ]

▌나는 겨울을 좋아한다.

我喜欢冬天。

[Wǒ xǐhuan dōngtiān.]

我喜欢冬天。

[   ]

▌나는 아빠를 사랑한다.

我爱爸爸。

[Wǒ ài bàba.]

我爱爸爸。

[   ]

나는 엄마를 사랑한다.

我爱妈妈。

[Wǒ ài māma.]

我爱妈妈。

[ ]

나는 형(오빠)을 사랑한다.

我爱哥哥。

[Wǒ ài gēge.]

我爱哥哥。

[ ]

나는 언니(누나)를 사랑한다.

我爱姐姐。

[Wǒ ài jiějie.]

我爱姐姐。

[ ]

나는 남동생을 사랑한다.

我爱弟弟。

[Wǒ ài dìdi.]

我爱弟弟。

[ ]

나는 여동생을 사랑한다.

我爱妹妹。

[Wǒ ài mèimei.]

我爱妹妹。

[ ]

▌너는 봄을 좋아한다.

你喜欢春天。

[**Nǐ xǐhuan chūntiān.**]

你喜欢春天。

[ ]

▌그는 여름을 좋아한다.

他喜欢夏天。

[**Tā xǐhuan xiàtiān.**]

他喜欢夏天。

[ ]

▌그녀는 가을을 좋아한다.

她喜欢秋天。

[**Tā xǐhuan qiūtiān.**]

她喜欢秋天。

[ ]

▌우리는 겨울을 좋아한다.

我们喜欢冬天。

[**Wǒmen xǐhuan dōngtiān.**]

我们喜欢冬天。

[ ]

▌너는 아빠를 사랑한다.

你爱爸爸。

[**Nǐ ài bàba.**]

你爱爸爸。

[ ]

너는 엄마를 사랑한다.

你爱妈妈。

[Nǐ ài māma.]

你爱妈妈。

[ ]

너는 형(오빠)을 사랑한다.

你爱哥哥。

[Nǐ ài gēge.]

你爱哥哥。

[ ]

그는 누나를 사랑한다.

他爱姐姐。

[Tā ài jiějie.]

他爱姐姐。

[ ]

그녀는 남동생을 사랑한다.

她爱弟弟。

[Tā ài dìdi.]

她爱弟弟。

[ ]

우리는 여동생을 사랑한다.

我们爱妹妹。

[Wǒmen ài mèimei.]

我们爱妹妹。

[ ]